O verbo na variedade galega do concello de Castrelo do Val

Aquilino Santiago Alonso Núñez

O verbo na variedade galega do concello de Castrelo do Val

Berlin - Bruxelles - Chennai - Lausanne - New York - Oxford

Información bibliográfica publicada por la Deutsche Nationalbibliothek
La Deutsche Nationalbibliothek recoge esta publicación en la
Deutsche Nationalbibliografie; los datos bibliográficos detallados
están disponibles en Internet en http://dnb.d-nb.de.

Catalogación en publicación de la Biblioteca del Congreso
Para este libro ha sido solicitado un registro en el
catálogo CIP de la Biblioteca del Congreso.

ISBN 978-3-631-91837-1 (Print)
E-ISBN 978-3-631-92247-7 (E-PDF)
E-ISBN 978-3-631-92248-4 (E-PUB)
10.3726/b22037

© 2024 Peter Lang Group AG, Lausana
Publicado por Peter Lang GmbH, Berlín, Alemania

info@peterlang.com - www.peterlang.com

Todos los derechos reservados.

Esta publicación no puede ser reproducida, ni en todo ni en parte, ni registrada o transmitida por un sistema de recuperación de información, en ninguna forma ni por ningún medio, sea mecánico, fotoquímico, electrónico, magnético, electroóptico, por fotocopia, o cualquier otro, sin el permiso previo por escrito de la editorial.

Esta publicación ha sido revisada por pares.

Presentación

O autor deste libro, quen xa publicou investigacións en revistas indexadas e en capítulos de libro sobre a lingua galega tanto de temas de fonética e fonoloxía como de morfoloxía léxica, morfoloxía flexiva e dialectoloxía galega, realiza aquí unha descrición e unha análise morfolóxica das formas verbais da variedade lingüística do municipio de Castrelo do Val (Ourense, España). Esta variedade encádrase na área oriental de transición do bloque central.

No capítulo introdutorio, amais da clasificación dialectal da variedade estudada, explícanse os obxectivos e as estratexias usadas para levar a cabo a investigación e tamén se fai a caracterización xeral e singular do municipio de Castrelo do Val e a comarca verinesa da cal forma parte.

No capítulo focal do libro trátase o verbo: a súa caracterización categorial e as análises morfolóxicas xustificadas de tódalas formas verbais regulares e irregulares do municipio (quer as de irregularidade común, quer as de irregularidade propia). A descrición presentada permite contextualiza-la variedade estudada no conxunto do galego e no *continuum* dialectal galegoportugués. Ambas a dúas contextualizacións permítenlle ó autor proseguir pescudas de gramática histórica, dialectoloxía, etimoloxía e cambio lingüístico se ben estas cuestións só se tocan dun xeito tanxencial. As formas verbais recollidas tamén permiten discriminar áreas converxentes dentro do concello de Castrelo do Val. Noutros traballos o autor profundizou sobre estes temas pero, así a todo, cómpre seguir investigando para continuar mellorando todo o que se poida.

No capítulo final figuran as consideracións ou conclusións obtidas da investigación de campo realizada na variedade lingüística obxecto da pescuda.

A colaboración en libros de texto de Educación Secundaria Obrigatoria (ESO) e bacharelato así como os anos de exercicio da docencia en ensino medio e na universidade (onde deu clases de licenciatura, diplomatura, grao, mestrado do profesorado de ensino secundario e outros mestrados) levou ó autor a querer mellora-la análise morfolóxica do sistema verbal galego. O resultado é este libro, que presenta unha proposta nova de segmentación morfolóxica para o verbo galego.

A descrición morfolóxica feita artéllase sobre a concepción do morfema como un signo lingüístico con significante e significado. Asúmese que a análise morfolóxica debe formularse como un esbozo debido a que a lingua galega é fusionante e isto significa que en moitas ocasións resulta moi difícil separa-la expresión de cada unha das categorías verbais. A dificultade de análise é aínda maior nos verbos irregulares, os cales manteñen elementos de morfoloxía non concatenante tales como a modificación (*ve-mos* vs. *vi-mos*). En todo caso, as análises xustifícanse con razóns adecuadas. A descrición morfolóxica proposta está en consonancia co tratamento que o autor lle deu en traballos anteriores á morfoloxía flexiva nominal. Tanto na morfoloxía flexiva nominal como na verbal asúmese que hai clases (declinacións ou conxugacións) caracterizadas por unha vogal temática (*cf. nen-o* e *cant-a-ba-mos*).

A descrición e análise morfolóxica sobre o verbo baséase no galego oral do concello de Castrelo do Val (provincia de Ourense), especialmente, o dos falantes con pouca instrución escolar ou sen ningunha. Emprégase o camiño, propio da dialectoloxía tradicional, consistente en enquisas e gravacións. Tal combinación dá pé a poder contrasta-lo que afirman os falantes e a súa práctica lingüística.

En definitiva, este libro pode resultar de gran utilidade para aquelas persoas interesadas na morfoloxía verbal flexional da lingua galega e das outras linguas romances. Dun xeito máis concreto, esta publicación oriéntase para uso dos profesores universitarios, dos profesores de ensino medio, dos estudantes de posgrao, dos estudantes de grao e de calquera persoa desexosa de coñece-la morfoloxía flexional do verbo galego.

Aquilino Santiago Alonso Núñez

Índice

1 Introdución 9
  1.1 O concello de Castrelo do Val e a comarca verinesa 9
  1.2 A continuidade poboacional da comarca de Verín e a súa singularidade 13
  1.3 Ubicación dialectal da fala do municipio de Castrelo do Val 16
  1.4 Os obxectivos do traballo 19
  1.5 Os métodos empregados na investigación 20

2 O verbo 25
  2.1 Caracterización do verbo 25
  2.2 Descrición morfolóxica 28
    2.2.1 A vogal temática 32
    2.2.2 O sufixo de modo e tempo 39
    2.2.3 O sufixo de número e persoa 49
    2.2.4 Paradigmas dos verbos regulares analizados morfoloxicamente 57
  2.3 Verbos de irregularidade común 61
  2.4 Os verbos anómalos ou de irregularidade propia 69
    2.4.1 Andar 72
    2.4.2 Caber 73
    2.4.3 Caír 78
    2.4.4 Crer 80
    2.4.5 Dar 81
    2.4.6 Dicir 86
    2.4.7 Estar 88
    2.4.8 Facer 92
    2.4.9 Haber 96
    2.4.10 Ir 98
    2.4.11 Ler 101

2.4.12 Oír 102
2.4.13 Poder 103
2.4.14 Pór / poñer 106
2.4.15 Querer 112
2.4.16 Rir 113
2.4.17 Saber 114
2.4.18 Saír / Salir 117
2.4.19 Ser 120
2.4.20 Ter 124
2.4.21 Traer / tragher 131
2.4.22 Valer 134
2.4.23 Ver 135
2.4.24 Vir 136

3 Consideracións finais 143

Bibliografía 149

1 Introdución

Esta investigación estuda o verbo na fala galega do concello de Castrelo do Val (provincia de Ourense) e, para iso, baséase no galego oral, especialmente, o dos falantes con pouca instrución escolar ou sen ningunha do municipio citado. Nesta introdución comezo por describi-lo concello de Castrelo do Val e a comarca da cal forma parte (1.1); sigo coa continuidade poboacional e a singularidade da comarca verinesa (1.2); trato a clasificación dialectal da fala investigada (1.3); explico os obxectivos do traballo realizado (1.4); e remato coa metodoloxía utilizada para levar a cabo a investigación (1.5).

1.1 O concello de Castrelo do Val e a comarca verinesa

O concello de Castrelo do Val forma parte da comarca natural e tradicional de Verín, a cal limita coa comarca portuguesa de Chaves. A comarca de Verín (ou de Monterrei) comprende os concellos de Laza, Castrelo do Val, Cualedro, Monterrei, Oímbra, Riós, Verín e Vilardevós. No mapa 1, pode verse a ubicación dentro de Galicia desta comarca e do municipio de Castrelo do Val. O concello de Castrelo do Val é o número 308. O resto dos municipios da comarca de Verín son: Laza (291), Cualedro (305), Monterrei (306), Oímbra (307), Riós (311), Verín (309) e Vilardevós (310).

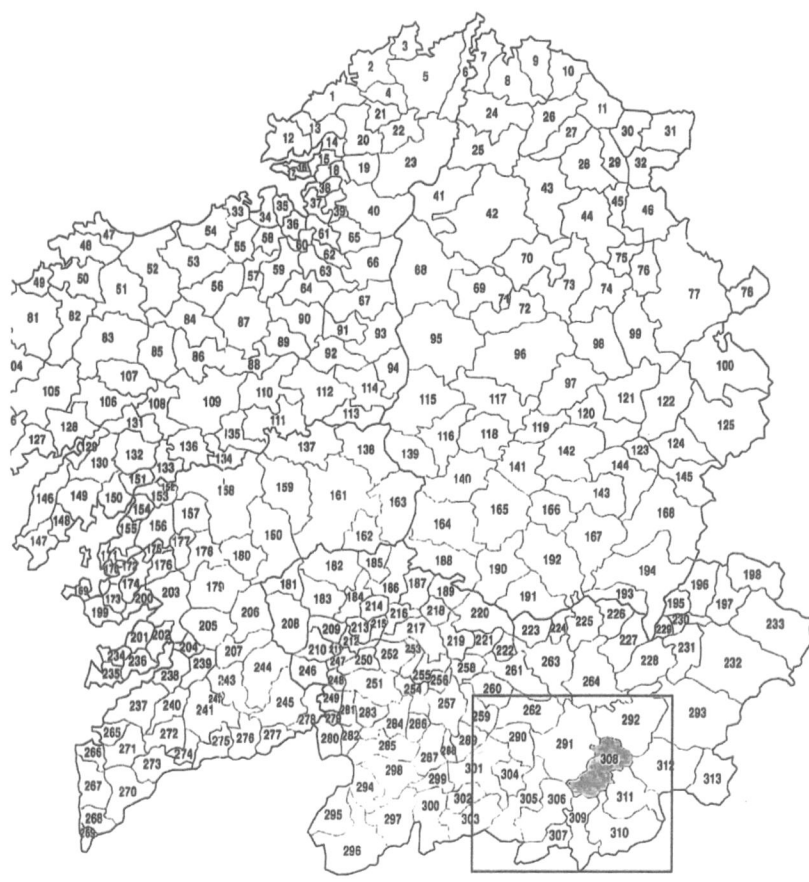

Mapa 1: Comarca de Verín e municipios de Galicia
(Fonte: Torres Luna e Pazo Labrador 1994).

En 1986, constituíuse a Mancomunidade de Monterrei integrada polos 8 concellos que forman parte do partido xudicial de Verín (Castrelo do Val, Cualedro, Laza, Monterrei, Oímbra, Riós, Verín e Vilardevós) e por A Mezquita e A Gudiña. Estes dous últimos concellos deixaron pronto de pertencer a esta estrutura administrativa e, en 1995, o concello de Riós tamén fixo o mesmo (Dasairas Valsa 1999: 12).

O concello de Castrelo do Val limita cos concellos ourensáns de Vilariño de Conso, Laza, Vilardevós, Verín, Riós, A Gudiña e Monterrei. A súa extensión é de 118 km². A ubicación do municipio de Castrelo do Val e da comarca de Verín no sueste da provincia de Ourense ten repercusións lingüísticas, xa que a fala desta comarca presenta algúns trazos lingüísticos orientais e meridionais.

O concello de Castrelo do Val, situado no sueste da provincia de Ourense, pasou a te-la denominación de *Castrelo do Val* en 1842, ano en que se engadiu *do Val* para diferencialo doutros concellos.

O territorio do concello tivo outras denominacións: en 1821 levaba o nome de concello de Gondulfes, en 1822 o territorio actual do municipio estaba partido en dous concellos (Castrelo e Gondulfes). A denominación *Castrelo* para o territorio actual do municipio fixouse en 1835. Deste concello formaban parte as seguintes parroquias (Fariña Jamardo 1993: 56–57): Santa María de Castrelo (da antiga xurisdición de Monterrei), San Salvador de Nocedo (da antiga xurisdición de Monterrei), Santa Cruz de Gondulfes (da antiga xurisdición de Gondulfes), San Xoán de Servoi (da antiga xurisdición de Servoi), San Vicente de Pepín (da antiga xurisdición de Gondulfes), Santiago de Campo de Becerros incluíndo Sanguñedo e Veiga de Nostre (da antiga xurisdición de Laza do Conde), San Miguel de Portocamba (da antiga xurisdición de Laza do Conde e don Diego) e Santa Eufemia de Piornedo (da antiga xurisdición de Piornedo).

En 1835, conformáronse tamén os municipios actuais da comarca verinesa ou de Monterrei. O partido xudicial pasou a chamarse partido xudicial de Verín en lugar de partido xudicial de Monterrei en 1834 (Fariña Jamardo 1993: 56–57).

Houbo loitas entre lugares do mesmo concello pola capitalidade municipal. O máis destacable neste sentido foi a perda de capitalidade da Xironda. A capital do concello pasou a ser Cualedro en 1897 (Dasairas Valsa 1999: 11–12).

O municipio de Castrelo do Val está formado por 16 entidades de poboación e nel poden facerse catro subdivisións fundamentais: o val, a parroquia de San Xoán de Servoi, a parroquia de Santa Eufemia de Piornedo e a antiga parroquia de Santiago de Campobecerros. En Alonso Núñez (2013) móstrase que estas subdivisións xeran converxencias lingüísticas no municipio de Castrelo do Val.

A rede de puntos da miña investigación abrangue tódolos lugares do concello de Castrelo do Val (véxase mapa 2). Os lugares aparecen citados a continuación xunto coa abreviatura que uso nos cadros para identifica-los informantes: Po = Portocamba; Ca = Campobecerros, Sa = Sanguñedo, VN = Veiga de Nostre, Fo = Fontefría, Vi = Vilar, Se = Servoi, SP = San Paio, Pi = Piornedo, MV = Monteveloso, Pe = Pepín, Ri = Ribas, Go = Gondulfes, Ma = Marbán, No = Nocedo e CV = Castrelo do Val.

Mapa 2: Puntos de Castrelo do Val.

No val, debeu predominar dende hai bastante tempo a agricultura sobre a gandería mentres que no resto do concello, ata o desartellamento na actualidade das estruturas agrarias tradicionais, houbo un maior desenvolvemento da gandería. No val, os lugares de poboación están máis próximos entre si e teñen menos terras comunais. Bouhier (2001: 1366–1276) considera que o aproveitamento da terra inculta constituíu o cerne do complexo agrario galego, porque permitía abrir novas terras, descansar a terras moi cultivadas, obter leña, obter materiais de construción, etc.

O val do municipio de Castrelo do Val está formado polas parroquias de Santa María de Castrelo do Val, San Salvador de Nocedo do Val, San Vicente de Pepín (lugares de Pepín e Ribas) e Santa Cruz de Gondulfes (lugares de Gondulfes e Marbán).

A parroquia de San Xoán de Servoi está composta polos lugares de Servoi, San Paio, Vilar e Fontefría. Neste último, non se cultiva a vide; no resto da parroquia e no val si.

Da parroquia de Santa Eufemia de Piornedo forman parte dous lugares: Piornedo e Monteveloso. Neles non se cultiva a vide. Esta parroquia pertence e pertenceu ó arciprestado de Riós mentres que o resto do municipio de Castrelo do Val pertence e pertenceu ó arciprestado de Laza (Torres Luna e Pazo Labrador 1994: 356 e 358).

A antiga parroquia de Santiago de Campobecerros é a máis norteña e comprendía os lugares de Campobecerros, Sanguñedo e Veiga de Nostre. Ademais, tiña e ten como parroquia anexa San Miguel de Portocamba. En todos estes lugares predomina a gandería e, neles, non se cultiva a vide, excepto en Veiga de Nostre. Este último lugar pertenceu tradicionalmente á parroquia de Santiago de Campobecerros (*vid*. Pazo Labrador e Santos Solla 1995: 244 e Madoz, *s. v. Campo de Becerros*) e esta é a razón que me leva a colocalo nesta subzona. Na reforma parroquial que se fixo a mediados do século XX, pasou a formar parte da parroquia de San Lucas de Parada da Serra[1]. De todos modos, desde que eu recordo a capela de Nosa Señora da Asunción de Veiga de Nostre é atendida polo párroco de Santiago de Campobecerros. Amais, o monte comunal de Veiga de Nostre está unido ó de Sanguñedo.

1.2 A continuidade poboacional da comarca de Verín e a súa singularidade

Dende o meu punto de vista, o concello de Castrelo do Val e a comarca de Verín foron poboados, polo menos, dende o Neolítico con continuidade ata a actualidade. A Teoría da Continuidade foi revitalizada recentemente para Europa por Alinei (1996 e 2000) e para a área galega por Alinei e Benozzo (2008).

Eu adhírome a esta teoría continuista e deféndoa para o poboamento da comarca verinesa, nomeada na Idade Media como *Baroncelle*, *Baroncelli* ou *Varonceli* (*vid*. Dasairas Valsa 1999: 133–144). En apoio desta hipótese vou citar a Pallares e Portela (2007: 39–75). Para estes autores, os textos de negocios xurídicos de práctica cotiá anteriores a 950 incluídos no tombo de Celanova proban

---

1 En 1887 San Lucas de Parada da Serra pertencía á parroquia de San Lourenzo de Pentes (Pazo Labrador e Santos Solla 1995: 255), anexa de San Mamede de Pentes e chamada San Lorenzo de A Gudiña en Madoz *s. v. Gudiña* (*San Lorenzo*). A parroquia de San Lucas de Parada da Serra creouse no arranxo parroquial que houbo a mediados do século XX.

a continuidade da organización territorial e social na Galicia meridional: Terra de Lemos, Territorio *Arnogie*, no val do Limia e no val do Támega. Segundo os autores citados, a orixe principal dos bens é a herdanza durante a segunda metade do século IX e a primeira metade do século X. Ademais, documentan un vestixio: a existencia de servos.

Centrándonos no val do Tamega, estes autores informan de que os límites entre as *villae* son vellos e que estas enchen todo o territorio sen deixar zonas desocupadas (*vid.* mapa de Pallares e Portela 2007: 70). As *villae* (a *villa Berini*, as de *Sancto Felice*, *Keizanes*, *Avetes*, etc.) son os asentamentos campesiños habituais da época e aparecen encadrados nun territorio, o territorio do *Castrum Baroncelli*. O territorio encadra ós habitantes dende un punto de vista político e relixioso. Dende un punto de vista político, o encadramento nun territorio implica pertencer a unha xurisdición, pagar uns impostos ou outros, participar en guerras, etc.

O Castrum Baroncelli non estaba poboado no século X, pero as vilas dos documentos celanovenses citados están ó pé deste castro. Sobre el erixiuse a *villa* de Monterrei e o seu castelo no século XIII. Por outra parte, o *Castrum Baroncelli* tampouco era de creación recente na época do documento mentado, senón que era algo antigo que nin tan sequera a romanización lograra eliminar como entidade territorial.

Así pois, estes autores mostraron que no século X non houbo ruptura no poboamento da comarca verinesa por mor da Reconquista. En relación con esta última, Caro Baroja (1981: 18–24) defende a continuidade para os pobos de España. A maior impresión de continuidade proporciónanlla os pobos do Norte. Segundo este autor, os pobos do Centro e do Sur non sufriron coa Reconquista unha mutación das súas características cardinais. Para o Sur admite a hibridación con elementos islámicos especialmente pero, así a todo, postula que moitos elementos culturais considerados islámicos por antonomasia son de orixe hispano-cristiá. Caro Baroja, ó defende-la continuidade entre a vida anterior á Reconquista e a posterior, rompe coa historiografía castelá da escola de C. Sánchez-Albornoz e Menéndez Pidal, os cales para a construción ideolóxica da nación española botaron man da descontinuidade incluso para as terras comprendidas entre a parte meridional da cordilleira cantábrica e o Douro. Para Caro Baroja o particularismo actual de España ten as súas raíces na Idade Antiga pero floreceu de vez na Idade Media a pesar da tendencia universalizadora do cristianismo.

A singularidade da comarca verinesa radica en que pertenceu durante a Alta Idade Media á diocese bracarense. No século XI as sés de Braga e Ourense litigaron polo territorio de *Baroncelli*. É moi posible que teñan razón Quiroga e

Lovelle (1999), os cales coidan que a diocese de Chaves foi substituída pola de Ourense. Discútese sobre a denominación que tiña o arcedianado de *Baroncelli* no Parroquial Suevo da segunda metade do século VI (Dasairas Valsa 1999: 130–131).

Por outra banda, a fixación definitiva da fronteira política entre Portugal e España na comarca de Verín non se produciu ata principios do século XX (García Mañá 1988). Debido á falta de fixación da fronteira, houbo litixios sobre os territorios fronteirizos de toda a Raia Seca e, incluso, nalgúns momentos algúns lugares da comarca verinesa pertenceron a Portugal. Isto foi o que aconteceu co extremo sur da xurisdición de Souto Vermui (Arzádegos, Terroso, Rexosende, Soutochao, Berrande, Moialde, Santa Comba, Mourisco, Castrelos de Abaixo, Castrelos de Cima e A Veiga), xa que o rei portugués Afonso IV nun foral de 1325 chámalles meus homes ós habitantes destes lugares.

O elemento meridional na comarca de Verín non só se deu na Idade Media, senón tamén nos tempos anteriores e posteriores a ela. Anteriormente á Idade Media, a comarca verinesa pertenceu ó convento xurídico bracaraugustano (*vid*. lámina XVI de Cid López 1994), reproducido aquí como mapa 3, e o mapa do Baixo Imperio de Romero Masiá e Pose Mesura (1988: 64). Posteriormente á Idade Media, Bouhier (2001: 682) sostén que a adopción da fórmula do dobre cultivo anual centeo gran-millo gran se fixo a partir da depresión portuguesa de Chaves, a cal é unha prolongación cara ó sur da de Verín. Este sistema de dobre cultivo entrou dende o sur portugués e instalouse en tódolos lugares da comarca de Verín que gozan dun clima adecuado para el.

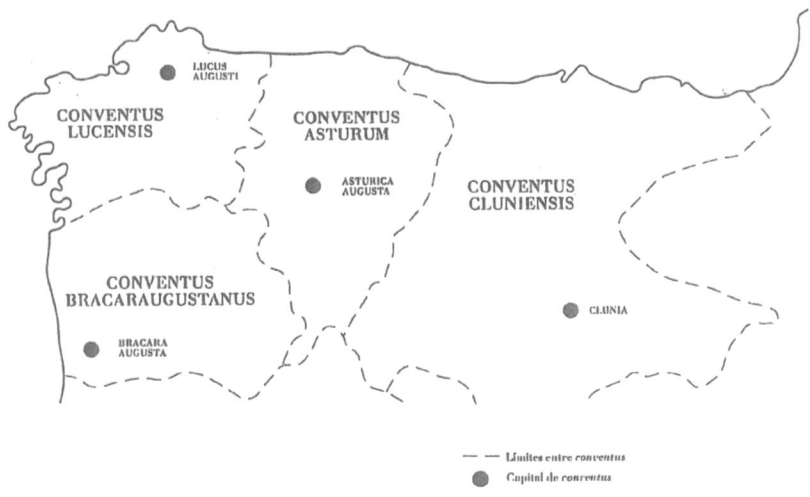

Mapa 3. Os Conventos do noroeste da Hispania romana.
(Fonte: Cid López 1994: lámina XVI).

1.3 Ubicación dialectal da fala do municipio de Castrelo do Val

Seguindo a Fernández Rei (1990: 106–160), a fala do concello de Castrelo do Val pode clasificarse dialectalmente como pertencente á área oriental de transición do bloque central (Alonso Núñez 1995). Este caracterízase polos plurais do tipo *pantalós* fronte ós plurais do tipo *pantalóns* do bloque occidental e do tipo *pantalois* do bloque oriental. A área oriental de transición defínea a isoglosa do pronome persoal tónico *[e]l*, que se opón á forma *[i]l* da área lucu-auriense. A comarca verinesa aparece dividida na formulación dialectal de Fernández Rei (1990: 106–160), xa que tres puntos (O22 Campobecerros, O29 Vilardevós e O30 Oímbra) dos catro investigados no ALGA usan *[e]l* e constitúen a área oriental de transición e o outro (O25 Cualedro) forma parte da área lucu-auriense ó empregar *[i]l*. A división dialectal do galego en bloques lingüísticos e áreas lingüísticas figura no mapa 4, que é unha simplificación do de Fernández Rei (1990: 108).

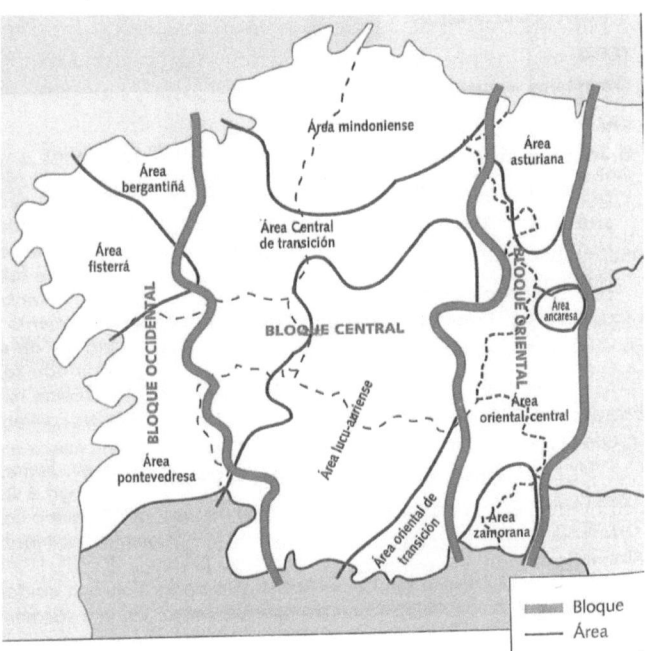

Mapa 4: Bloques lingüísticos e áreas
(Fonte: simplificación do mapa de Fernández Rei 1990: 108).

En Alonso Núñez (2008b: 343-344; e 2010: 113-118), considérase a fala do municipio de Castrelo do Val como un subtipo de verinés ou brencellau, que é a fala da comarca verinesa no seu conxunto. O verinés coincide co galego común (ou galego maioritario ou *koiné*[2] galega) na existencia do fonema /θ/ en posición de ataque silábico e do diminutivo *-iñ-o* (< -IN-U); no entanto, o verinés non sempre coincide co galego común. Así, as palabras *alustro* e *cuatro* sepárano do galego común, que prefire *lóstrego* e *catro*, respectivamente, e achégano ó portugués norteño lindante con el, onde se usan *alustro / alustre* e *cuatro*. *Alustro* e variantes (*alustre, lustro, lustre*) ocupan o oriente da provincia de Ourense e o sur da provincia de Pontevedra e algún punto do extremo oriental de Lugo (García González s. v. *lóstrego*). *Alustro* é unha palabra que se usa tamén no

---

2 Moreno Cabrera (2008: 13-42) usa o termo *koiné* para facer referencia á lingua común que vai xurdindo da confluencia das diferentes falas locais.

portugués trasmontano (Dias e Tender s. v. *alustre* e s. v. *alustro*; Pereira 1912: 337) e non foi a escollida polo portugués padrón[3], o cal preferiu *relampo* (Costa e Sampaio e Melo s. v.), *relâmpado* e *relâmpago* (Costa e Sampaio e Melo s. v. *relâmpado* ou *relâmpago*). Santos (1967: 257) di que *alustre* e *alustro* se usan na fronteira norte trasmontana e que, na fronteira oriental, se usa máis *relistro*.

Un tratamento máis pormenorizado sobre o verinés faise en Alonso Núñez (2012). Para máis información sobre a variedade lingüística da comarca verinesa véxanse Alonso Núñez (1999; 2000; 2006; 2007; 2008a; 2013; 2014a; 2014b; 2016; 2017; 2021-22; 2023a; 2023b; e 2023c).

Alonso Núñez (2012) cuestionou a xerarquía da isoglosa -*ns* / -*s* / -*is* debido a que existen plurais en -*ns* na comarca verinesa (en O22 Campobecerros – Castrelo doVal– e en O29 Vilardevós), noutros puntos do bloque central e no bloque oriental[4]. En Alonso Núñez (2012), en lugar de presentar unha caracterización dialectal da área oriental de transición baseada nas isoglosas *pantalós* / *pantalois* e *[e]l* / *[i]l* como fai Fernández Rei (1990: 106–160), matízase a súa análise cunha caracterización do *brencellau* ou verinés que pretende ser máis realista. No traballo mentado (Alonso Núñez: 2012), considérase que as formas terminadas en -*án* (*mazán*) e en -*ns* (*cans*) son as variantes vellas que están sufrindo a competencia das formas do galego común terminadas en *á-* (*mazá*) e en -*s* (*cas*).

A matización máis importante radica en que se rexeita o emprego da isoglosa *[e]l* / *[i]l* para estuda-lo galego da comarca verinesa, xa que tal isoglosa deixa fóra a metade da comarca citada, alí onde se di *[i]l* (municipio de Cualedro e lugares do municipio de Laza, do municipio de Monterrei e do municipio de Oímbra). Outras matizacións son as seguintes: *moito* e *muito* tenden a aparecer en lugares distintos; non é certo que na comarca verinesa non se rexistra -*des* (*cantades*) para a P5; para a P5, tamén existiu -*ides* (*cantaides*), forma que inda poden utilizar algunhas persoas maiores do municipio de Castrelo do Val e que foi recollida no punto secundario de O22 Campobecerros O22b Cerdedelo (concello de Laza, provincia de Ourense).

---

3 *Alustro* aparece como rexionalismo no dicionario DPLP (s.v. *alustro*).
4 Para coñece-la dialectoloxía galega véxanse Santamarina (1982), Fernández Rei (1990: 31–38), González (2007) e Regueira (2008). Para a aplicación da dialectometría ó galego consúltense Sousa (2006) e Álvarez, Dubert e Sousa (2006).

1.4 Os obxectivos do traballo

Esta investigación estuda o verbo na fala galega do Concello de Castrelo do Val (provincia de Ourense) e, para iso, baséase no galego oral, especialmente, o dos falantes con pouca instrución escolar ou sen ningunha do municipio citado. É, en consecuencia, un estudo sincrónico. Con todo, cando o considere necesario, fago análises diacrónicas que me permiten explicar mellor os temas tratados.

A investigación deste libro enmárcase nun estudo máis amplo sobre a gramática da variedade do concello de Castrelo do Val (estudo fonético e fonolóxico, e morfolóxico), sobre a caracterización dialectal da fala do muncipio citado e sobre o establecemento dos alicerces da caracterización dialectal do concello de Castrelo do Val e do resto do galego, e sobre a relación de tal caracterización coa historia e a xeografía. Os resultados da indagación proposta queren logra-lo melloramento, aínda que sexa pequeno, das teorías feitas ata o de agora sobre a fonética galega, a fonoloxía galega, a gramática galega, a dialectoloxía galega e os cambios lingüísticos en galego.

Por outra parte, o que máis me interesa na miña investigación é dar conta da fala dun lugar, das variantes alternativas existentes nel, das preferencias dos falantes dun lugar por unha forma ou outra, das variantes non existentes na actualidade pero usadas por vellos de antes que os meus informantes escoitaron, etc. Algúns destes datos só poden obterse de enquisas a falantes tradicionais e fiables. Outros datos conseguinos coa combinación de enquisas e gravacións e co contraste entre a fala de falantes vellos e tradicionais e a fala de falantes novos.

Baixando máis o detalle e con respecto ó verbo, preténdese facer unha pequena caracterización desta categoría (2.1) e fundamentar e xustifica-la análise morfolóxica das formas verbais de paradigma regular usadas no concello (2.2). Despois, farase o mesmo cos verbos de irregularidade común (2.3) e cos verbos anómalos ou de irregularidade propia (2.4). Ademais do exposto, tamén se apuntan os cambios lingüísticos que se están producindo no sistema verbal da fala estudada.

As clases de palabras establézoas baseándome en criterios formais, sintácticos e semánticos. Para a descrición do verbo e das outras clases de palabras sírvome dos termos e conceptos que me parezan máis adecuados e uso unha nomenclatura tradicional para referirme a elas. O meu obxectivo é facer unha boa descrición da fala estudada e, ademais, salienta-los aspectos dialectolóxicos principais da fala do municipio de Castrelo do Val e dar conta dos cambios lingüísticos que se están producindo nela.

1.5 Os métodos empregados na investigación

Para logra-los obxectivos propostos para o estudo sincrónico da fala do concello de Castrelo do Val, o método ou camiño empregado consistiu en entrevistas a falantes dos 16 lugares do concello de Castrelo do Val, realizadas principalmente entre xullo de 1993 e xaneiro de 2004. Na entrevista de cada lugar do municipio, realizáronse enquisas e gravacións a un informante principal, denominado cunha sigla e o número 1 (por exemplo, Ca-1 = Campobecerros 1), e a outro ou outros informantes complementarios.

Os informantes principais caracterízanse por ser de avanzada idade e con poucos estudos ou analfabetos. Os informantes complementarios das enquisas teñen as mesmas características culturais cós principais, pero algúns son de mediana idade. Ademais, realizáronse gravacións de máis dun informante por lugar e, entre os gravados, hai algúns novos.

A elección dos informantes principais e da maioría dos complementarios débese a que se pretende facer unha descrición do galego tradicional do concello estudado. Os informantes complementarios identifícanse cun número distinto de 1 (Ca-2 = Campobecerros 2, Po-3 = Portocamba 3, VN-4 = Veiga de Nostre 4 ...)[5].

Co método combinado de enquisas e gravacións atenuáronse os problemas de cada un deles. Por un lado, a enquisa pode inducir a erro porque, como se comprobou, un falante non sempre dá a mesma resposta á mesma pregunta. Para mitiga-la baixa fiabilidade dunha determinada resposta, considerouse conveniente preguntar tamén a outro informante do mesmo lugar e, incluso en moitas ocasións, enquisei a varios informantes para conseguir unha descrición lingüística mellor.

Por outro lado, a gravación de tema libre ou de tema proposto polo investigador ten o problema de que nunca dá conta de tódalas cuestións que este quere saber. A escaseza de rexistro de datos e o abuso do método indutivo que provoca o rexistro obtido de gravacións foron mitigados coas enquisas principais e complementarias realizadas en cada lugar.

O estudo lingüístico desta investigación e, en xeral, da fala tradicional galega é mellor realizalo a partir dos métodos ou camiños da dialectoloxía tradicional, xa que a concepción que esta ten dos espazos é máis adecuada para unha

---

5 En Marbán, que é máis ben un barrio de Gondulfes, había cinco habitantes e, deles, unicamente unha persoa reunía as condicións para formar parte da investigación, xa que os outros habitantes ou non naceran alí ou falaban castelán.

sociedade sen megacidades. Inda hoxe, a urbanización de Galicia é escasa en termos relativos á península ibérica e Europa Occidental.

Tanto nas enquisas como nas observacións directas saquei proveito de tódolos coñecementos que me proporcionaron os informantes. Algunhas veces os informantes dan informacións valiosas sobre o que se pregunta ou sobre o pasado da lingua, outras veces os informantes proporcionan informacións valiosas sobre temas que non son o obxecto principal da enquisa.

De tódolos xeitos, dado que as entrevistas raramente proporcionan a riqueza de información que require unha análise lingüística culturalmente contrastada (Duranti 2000: 149), decidín non facer enquisas demasiado estruturadas que levasen ó falante a comportarse dun xeito pouco espontáneo. Con todo, para lograr información sobre os diferentes verbos non sempre é posible facelo dun modo totalmente indirecto.

Con respecto ó método indutivo, quero precisar que non se pode evita-la ficción metodolóxica que consiste en inducir, a partir da fala dalgúns falantes dun lugar determinado, a fala do conxunto do lugar. Esta é unha eiva que só se podería solucionar se o investigador tivese a capacidade de entrar na mente de tódolos falantes dun lugar e puidese acceder a toda a información lingüística que ten cada un dos falantes dun lugar.

Aínda que o estudo se centra na fala do concello de Castrelo do Val, botei man doutros coñecementos que a observación directa me foi proporcionando durante anos das falas doutros lugares da comarca de Verín e dos concellos lindantes con Castrelo do Val de Vilariño de Conso e A Gudiña. Da fala dalgúns lugares destes últimos concellos tratei en Alonso Núñez (2002). Tamén se tiveron en conta outras gravacións distintas das miñas sobre a variedade lingüística do concello de Castrelo do Val e consultáronse as informacións recollidas na comarca de Verín e nas zonas lindantes de Taboada (1978; 1979a; 1979b; e 1988); e de Alonso Núñez (1995; 1999; 2002; 2006; 2008a; 2008b; 2010; 2012; 2013; 2014a; 2014b; 2016; 2017; 2021-22; 2023a; 2023b; e 2023c). Para o conxunto do galego, usáronse os datos rexistrados no ALGA I, dedicado á morfoloxía verbal, outros traballos que figuran na bibliografía final e, secundariamente, os datos de ALGA II; ALGA III; ALGA IV e ALGA V.

Cos métodos de investigación que acabo de explicar é evidente que sigo unha metodoloxía cualitativa e un modelo descritivo. Tales métodos ou estratexias permiten adecuarse ó obxecto de estudo, permiten obter datos observables, que se poden comprobar nas gravacioóns realizadas ou con novo traballo de campo, e permiten realizar conxecturas xustificadas. Agora ben, non se alcanzan verdades absolutas e inmutables.

Aínda que intentei reduci-las induccións na investigación, useinas cando o considerei necesario. Utilicei o método indutivo para a reconstrución dos paradigmas verbais, xa que me pareceu excesivamente cansino para os entrevistados e para min preguntar nas enquisas por tódalas persoas de tódolos tempos verbais. O que fixen, por exemplo, consistiu en asegurarme con enquisas e gravacións de cál era o tema de *perfectum* dun tempo irregular e, a partir de aí, reconstruír todo o paradigma propio do tema de *perfectum*.

Con respecto ó seguimento dun modelo descritivo, quero precisar que o meu estudo é, fundamentalmente, descritivo pero non está exento de discusións e de explicacións teóricas ou doutro tipo. Unhas veces, ó preferi-la claridade expositiva, elimino problemas que complican en exceso o desenvolvemento deste estudo. Outras veces non eludo o tratamento de cuestións ou temas que complican os feitos ou as descricións.

En caso de que o considere necesario, dou explicacións diacrónicas que me axudan a entender mellor o problema que estou tratando. Fago isto porque non deixo de recoñecer que o estudo sincrónico dunha fala non é máis ca unha ficción metodolóxica que pretende dar unha descrición homoxénea dunha determinada fala. Aínda que emprego esta ficción homoxeneizante, recoñezo que o que domina nas diferentes falas de cada lugar é a variación. Esta pode resolverse nun momento dado a favor dunha forma ou pode permanecer durante tempo e tempo, na *longa duración*.

O concepto de *longa duración* procede de Fernand Braudel (1970), quen revolucionou a historiografía da súa época, centrada no tempo curto (a máis enganosa das duracións) e os acontecementos (historia episódica ou *évenementielle*), ó analiza-los sucesos históricos dentro dunha nova temporalidade chamada *longue durée* 'longa duración' (véxase Braudel 1949). En relación con isto, cabe destacar que o galego e as outras linguas románicas poden ser estudadas na longa duración, dende a súa emerxencia. Agora ben, as reconstrucións diacrónicas non poden pasar de seren hipotéticas aínda que estean ben xustificadas tanto con datos do presente como con datos dos textos do pasado, xa que a razón histórica non é exacta (Baliñas Fernández 1981), non ten leis xerais e constrúese cunha gran penuria de datos.

Durante o estudo de campo, os informantes non cambiaron o que recollín nas cuestións lingüísticas analizadas. No período posterior ó estudo de campo (de 2005 a 2023), tampouco o fixeron os informantes que aínda están vivos. Isto mostra que o tempo curto (neste caso, aproximadamente corenta anos desde o inicio da investigación en 1993) tende á conservación lingüística, á continuidade. Menéndez Pidal (2005) consideraba que o cambio tarda en difundirse e que se produce no marco dunha tradición herdada, e tamén pensaba que a comunidade lingüística é unha comunidade tradicional, que pervive na memoria dos seus individuos e que lles ofrece un sistema complexo de formas xeradoras de linguas (véxase Garatea 2006; e Portolés 2018).

2 O verbo

Neste capítulo dedicado ó verbo, comezo facendo unha aproximación á categoría verbal (2.1), xustifico a súa análise morfolóxica (2.2) incluíndo os paradigmas dos verbos regulares analizados morfoloxicamente (2.2.4), e describo os verbos irregulares que se usan na fala do concello de Castrelo do Val, quer os de irregularidade común (2.3), quer os de irregularidade propia (2.4). Na análise morfolóxica (2.2), ademais dos paradigmas regulares analizados morfoloxicamente, trato a vogal temática (2.2.1), o sufixo de modo e tempo (2.2.2) e o sufixo de número e persoa (2.2.3).

2.1 Caracterización do verbo

Considero que, para establecer unha categoría gramatical como é a categoría do verbo, hai que basearse fundamentalmente en características formais. Agora ben, para conseguir que as descricións e as explicacións sexan máis adecuadas, empregarei varios criterios. Así pois, valereime para defini-lo verbo non só de propiedades formais (ou morfolóxicas), senón tamén de propiedades sintácticas e propiedades semánticas tal como fai Bosque (1989), de quen recollo moitos pormenores teóricos desta exposición.

En relación co que acabo de dicir, convén lembrar que a tipoloxía lingüística mostra que non existen clases de palabras universais xa que, por exemplo, non tódolos lingüistas aceptan que existe unha categoría nominal diferente dunha categoría verbal en tódolos idiomas. Algúns lingüistas consideran que unha mesma forma, nunha determinada lingua, é verbo porque se asocia coa categoría de aspecto e é nome porque se asocia coa categoría de definitude. Agora ben, en linguas deste tipo, o nome e o verbo non teñen características formais diferentes (Hagège 1987: 89–120). Hagège (1987: 120) considera a oposición verbonominal como un continuo e conclúe que:

> Conviene revisar las teorías, antiguas y modernas, que establecen categorías discretas y rasgos binarios, y sustituirlas por una visión escalar: del nombre al verbo, pasando por los otros elementos del enunciado, existe deriva respecto de una escala de recorrido fluida.

O verbo defínese como un elemento variable fronte á preposición, por exemplo, que é invariable. A variabilidade dun verbo como *cantabamos* manifístase nun tema constituído por unha raíz *cant-* e unha vogal temática *-a-* e nunha terminación que, neste caso, está formada por dúas marcas claras que amalgaman cada unha dous valores gramaticais: o valor modotemporal 'copretérito de indicativo' (-*ba*-) e o valor numeropersoal 'primeira persoa de singular ou P4' (-*mos*).

En contraste coas formas ligadas *cant*-, -*a*-, -*ba*-, -*mos*, o verbo é unha forma libre porque pode aparecer el só nunha secuencia ou nun enunciado. O verbo pode constituír enunciado (*comín*) sen necesidade de botar man de usos metalingüísticos (ou mencións) do tipo *¿Cal é o segmento que marca a primeira persoa de plural en cantabamos?* -*Mos*. Un enunciado é unha secuencia que comunica, é dicir, que se entende porque ten independencia sintáctica e autosuficiencia semántica. Para os conceptos de formas libres, formas ligadas e formas dependentes véxase Pena (1999: 4318–4329) e Câmara Jr. (1980: 88–89).

A independencia sintáctica do verbo contrasta coa dependencia do verbo dos clíticos ou pronomes persoais átonos. A cliticidade é un concepto gramatical para Bosque (1989: 33–35). O verbo é unha forma independente; mentres que os pronomes persoais átonos (*díxome que si*) son formas dependentes, que están en camiño de facerse formas ligadas, porque perderon a tonicidade. Esta última é un concepto prosódico.

Dise que o verbo é unha clase aberta porque poden crearse verbos novos con procedementos derivativos (*liderar*) e composicionais (*malvender*). En realidade, a cristalización nunha palabra cohesionada formalmente, distribucionalmente, semanticamente, fonoloxicamente e funcionalmente é un proceso histórico que, cando se cumpre de todo, resulta opaco para os falantes dun idioma. Así, *bulló* e *altear* 'parar de chover' non se interpretan sincronicamente como palabras derivadas e tampouco se interpretan como palabras compostas *trébede* e *manter*.

Hai moitos autores que lle chaman morfemas facultativos ós sufixos, sexan apreciativos (*neniño*) ou non (*nenez*) e ós prefixos (*indisciplina*). Pero, esta terminoloxía resulta enganosa xa que, por exemplo, para que exista a palabra *neniño* son necesarios *nen*-, -*iñ*- e -*o*. Isto é así porque tódolos morfemas ligados dunha palabra dada, por exemplo *neniño*, son necesarios para constituír esa palabra.

Dende un punto de vista funcional, o verbo caracterízase por se-lo núcleo da oración. Así, para considerar que a secuencia *Manuel come mazás* é unha oración é necesario que tal secuencia estea nucleada por un verbo (*come*). Rojo e Jiménez (1989: 127–146) consideran que secuencias do tipo *Manuel come mazás* son cláusulas.

Dende un punto de vista semántico, dise que os verbos designan sucesos ou acontecementos, cousas que teñen lugar no espazo e no tempo. Estes sucesos poden ser de tres tipos: acciós feitas por alguén coma *pintar* ou *rozar*; procesos que lle ocorren a alguén (*esvarar*) ou a algo (*ferver*) e estados ou situacións non dinámicas como *estar*. Esta concepción deriva da filosofía aristotélica e apóiase en que os diferentes modos de predicación representaban diferentes modos de ser. En síntese simplificada, os substantivos designan obxectos, os adxectivos designan calidades, os verbos designan accións e procesos, e as partículas designan relacións. No entanto, hai, por exemplo, substantivos que expresan estados (*inocencia*) e substantivos que denotan accións (*destrución*). A lingüística estrutural logrou que se considerasen os criterios semánticos derivados da concepción aristotélica como erróneos (Bosque 1989: 35–41).

De tódolos xeitos, non me parece adecuado desbota-lo estudo semántico dos verbos. Así, por exemplo, considero moi ben definida a proposta de Moreno Cabrera (1998). Este autor, seguindo as propostas habituais sobre *aktionsart* ou *modo de acción*, distingue tres tipos de sucesos ou estados de feito: *estados, procesos* e *accións*. Para el esta clasificación remonta en última instancia a Aristóteles.

Moreno Cabrera define os *estados* como asignacións de propiedades a individuos. Os estados subclasifícaos en *locativos* e *atributivos*. Os primeiros (*Antonio está en Madrid*) expresan unha relación entre unha entidade e unha localización espacial ou temporal e os segundos (*Isabel é alta*) expresan que unha entidade ten unha determinada propiedade.

Os *procesos* son transicións ou movementos entre polo menos dous estados que teñen en común o feito de que neles participa o mesmo individuo ou entidade. En *Manuel engorda*, Manuel pasa do estado de ter menos peso ó estado de ter máis peso. Trátase dun movemento cuantitativo distinto do movemento de lugar que se dá en *Pepe vai de Vigo a Verín*.

As *accións* son procesos controlados por un axente. En *Paco agranda a mesa*, é o axente *Paco* o que provoca que se dea un proceso que consiste en que a mesa pase dun estado en que ten un determinado tamaño a outro estado en que a mesa ten un estado maior. A idea fundamental de Moreno Cabrera é que toda acción supón un proceso e todo proceso supón unha transición entre estados. Dáse, en consecuencia, unha relación xerárquica entre os tres tipos de situación.

Aínda que non vou entrar en detalles, Moreno Cabrera diferencia dous tipos de estado: os locativos (*Manuel está en Chaves*) e os atributivos (*Manuel é alto*); Este autor subclasifica os tipos de procesos en *movementos* (ou *desprazamentos*) e *mutacións*. Entre estas últimas distingue as *adquisicións* (*Marisa licenciouse*), as *privacións* (*o tesouro desenterrouse*), os *aumentos* (*María mellorou*), as *diminucións* (*María empeorou*) e as *transformacións* (*a pedra licuou*). Un exemplo de movemento é *Pedro vai a Barcelona*.

Outra clasificación semántica moi interesante é a de Dik (1981), quen distingue *accións, procesos, posicións* e *estados* baseándose en dous trazos [dinámico] e [controlado]. As *accións* son [+ dinámico] e [+ controlado], os *procesos* son [+ dinámico] e [- controlado], as *posicións* son [- dinámico] e [+ controlado] e os *estados* son [- dinámico] e [- controlado]. Álvarez e Xove (2002: 74) seguen esta clasificación de Dik e dan os seguintes exemplos de cada un dos acontecementos citados:

Accións: *Chegou de primeiro ó cume un rapaciño de Vilafranca.*
Procesos: *Caeume a chave do coche por un furado.*
Posicións: *Tino está na cama durmindo a sesta.*
Estados: *Irea é aínda pequena.*

2.2 Descrición morfolóxica

Seguindo a Matthews (1972: 121), considero que probablemente a segmentación máis rudimentaria dunha forma verbal non nominal en tema e desinencia (ou terminación) sexa unha hipótese de análise morfolóxica mellor cá segmentación máis refinada, que pasa por incuestionable.

A análise *cant-o-ø-u* de *cantou* é unha análise máis detallada ca aquela que só segmenta *cant-ou*; no entanto, eu prefiro esta segunda análise, que lle atribúe o significado léxico 'cantar' á raíz *cant-* e os significados gramaticais 'C I + pretérito de indicativo + P3' á terminación *-ou*. Esta análise menos refinada paréceme mellor porque a segmentación *cant-o-ø-u* obriga a postular como alomorfo da VT da C I /o/. Este /o/ non se pode explicar recorrendo á fonoloxía sincrónica; só se pode defender como VT botando man da fonoloxía diacrónica. Dito con outras palabras, pensar que un falante sen formación lingüística identifica o /o/ de *cantou* co /a/ de *cantar* implica considerar que ese falante sabe que o A de CANTAVIT evolucionou a /o/.

Ó longo desta exposición mostrarei que calquera distingue entre raíz (ou lexema) e desinencia; agora ben, ó facer unha análise máis refinada xorden as discrepancias entre os diferentes autores. Estas discrepancias mostran que o morfema é unha abstracción que realiza o lingüista a partir dos coñecementos intuitivos que lles supón ós falantes normais, sen instrución lingüística ou, se se prefire, sen intrución de teoría lingüística. O falante normal non precisa memorizala conxugación dun verbo novo como *escanear*.

Simplemente vai unindo a raíz deste verbo (*escane-*) con outras pezas gramaticais (as desinencias) para ir expresando o valor que queira con este verbo. Na desinencia acostúmase distinguir unha vogal temática (VT), un sufixo modotemporal (SMT) e un sufixo numeropersoal (SNP). Nesas unións que realiza o falante é moi importante sabe-la clase conxugacional do verbo. Neste caso é C I porque ten vogal temática *a*. Pódese matiza-lo que dixen anteriormente e manter que o que une o falante é o tema verbal (raíz + vogal temática) cos sufixos flexionais (SMT e SNP).

A segmentación comunmente aceptada polos lingüistas galegos de *cantabamos* é a seguinte[6] (Álvarez, Monteagudo e Regueira 1986: 303–357; Álvarez e Xove 2002: 241–261; Santamarina 1974; e Fernández Rei 1990):

Cadro 1: Análise de cantabamos.

Raíz		Desinencias	
	Vogal temática (VT)	Sufixo de modo e tempo (SMT)	Sufixo de número e persoa
Cant-	-a-	-ba-	-mos-

Antes de analizar con máis detalle cada un dos morfemas da desinencia verbal, parareime a explicar algunhas cuestións teóricas e metodolóxicas. Os paradigmas dos verbos regulares da fala do concello de Castrelo do Val figuran na epígrafe 2.2.4.

Entendo o morfema como a unión dunha forma de expresión de signo cunha forma de contido de signo e a correspondencia expresión-contido como complexa: unha expresión pode soportar diferentes significados e un significado pode expresarse con distintos significantes (Alonso Núñez 2000: 135–139). Bosque (1983) admite que o morfema poida non ter significado. Este autor realiza unha breve exposición da historia do concepto de *morfema*.

Parto dunha concepción da morfoloxía que toma como primitivo a palabra (Scalise 1994: 59–60). Os falantes teñen almacenadas na súa cabeza palabras. Tomando estas como modelos poden construír outras con pezas da palabra

---

6 Câmara Jr. (1980: 65–71) tamén usa este modelo para a segmentación en constituíntes do verbo portugués. Alcoba Rueda (1999: 4924) resume outras propostas sobre os constituíntes da cada forma verbal castelá: a) Raíz + [VT - morfema de TAM] + desinencia de NP; b) [raíz - VT] + característica de TAM + morfema de NP; c) morfema lexemático + VT + morfema auxiliar + morfema concordante; e d) X + Tempo + Modo + Número + Persoa. A proposta a é de Roca Pons (1966), a proposta b é de *Esbozo*, a proposta c é de Alcina e Blecua (1975) e a proposta d é de Ambadiang (1993: 203 e ss.).

modelo. Así, por exemplo, dado que existe *capador* 'aquel que capa, axente de capar', a partir de *resetear* pódese inventar *reseteador* 'aquel que resetea, axente de resetear'. Se os falantes tivesen almacenados morfemas na súa cabeza, non habería maneira de explicar por qué *banc-* se asocia unhas veces con *-o* (*banco*), outras veces con *-a* (*banca*) e por qué non se asocia con *-e*.

Na análise morfolóxica que propoño tomo unha formación como xa dada e vou analizando en contituíntes dotados de significante e significado. Para realizar esta análise uso a técnica da segmentación e da conmutación.

A análise que realizo parte do modelo IA (*Item and Arrangement*); agora ben, non o sigo en tódolos seus postulados por ser demasiado ríxido como modelo de aplicación universal (Pena 1990: 21–22). Admitirei o morfo cero, o morfo acumulativo (ou *portmanteau*) e a non correspondencia un a un entre o significante e o significado. Con respecto á morfoloxía verbal do galego, tanto Fernández Rei (1990) coma Dubert (2004) insisten en que un determinado morfo indica máis dun significado. Para a segmentación verbal que propoño sigo a Matthews (1975), quen sostén que os significantes dun verbo son expoñentes dun determinado significado en virtude de pertenceren a un todo (a palabra). É da unidade palabra da cal o lingüista obtén por abstracción o significado que achega un determinado morfo colocado nunha determinada posición nunha cadea fónica e non noutra posición ou noutra cadea.

Scalise (1994: 45–58) analiza os problemas que presenta a noción de *morfema* e aproveita de Nida (1970) dous principios para a análise morfemática. O primeiro di que as formas que teñen un significado igual e un significante igual en tódalas súas ocorrencias constitúen un só morfema. O segundo principio di que as formas que teñen o mesmo significado pero que son distintas dende un punto de vista fonolóxico poden ser un único morfema se as diferenzas observadas se poden explicar en termos fonolóxicos.

Outros modelos morfolóxicos son o IP e o WP (Pena 1990). O modelo IP (*Item and Process*) foi usado por Boas e por Sapir e coñeceu un gran desenvolvemento coa gramática xerativa. O modelo WP (*Word and Paradigm*) permite o emprego tanto do modelo IA como do modelo IP. Un dos grandes teóricos deste último modelo é Matthews (1980). Este autor (Matthews 1975: 110–111) propón na palabra italiana *canterebbero* 'cantarían' que a terminación *-rebbero* indica os significados 'condicional, terceira persoa e plural'. Ademais o autor citado cuestiona se habería algún criterio que permitise asignar cada significado cun fragmento da terminación. Un cuestionamento parecido fágoo eu para as terminacións *-ou* e *-ei* de *cantou* e *cantei*. Porto Dapena (1972: 26) tamén considera *-ou* e *-ei* expoñentes indescompoñibles da P3 e da P1 do indicativo pretérito.

Por outra parte, hai que matizar que a morfoloxía galega, aínda que é fundamentalmente concatenativa, presenta algúns elementos de morfoloxía non concatenativa. Así, por exemplo, a diferenza entre *vemos* 'ver + (verbo non regular) + presente de indicativo + P4' e *vimos* 'ver + (verbo non regular) + pretérito de indicativo + P4' establécese na raíz. Hai dous alomorfos na raíz: un de presente (ou *infectum*) e outro de pretérito (ou *perfectum*) que indican tódolos valores que citei antes, excepto 'P4'. Este último significado está expresado por -*mos*. A diferenza entre *ve-* e *vi-* tamén se explica co nome técnico de *modificación*. Os diferentes procesos morfolóxicos figuran descritos en Pena (1990; e 1991).

Para analiza-lo significante da palabra é preciso defini-los termos *raíz, tema, base* e *afixos* (Pena 1991: 70–78; cf. Varela Ortega 1990: 32–35).

A raíz común ós elementos *canto, cantamos* e *cantaban* é *cant-*. Ó mesmo tempo que se segmenta a raíz, segméntanse os afixos. Dentro destes, os afixos flexivos prototípicos non forman parte do tema; agora ben, a flexión tamén pode ser interna ó tema ben por modificación (*ve-mos / vi-mos*) ben por infixación (latín *rump-i-t / ru: p-i-t*). Para unha clasificación dos afixos véxase Mel'čuk (1982: 82–87).

A base é aquel elemento de significante dunha palabra susceptible de recibir un proceso de formación de palabras (de adición ou de modificación). Tanto a raíz como o tema poden ser unha base.

Explicados estes conceptos e feitas as precisións que fixen, cito unhas palabras de Simone (1993: 111), que asumo:

> [...] El análisis morfémico se puede presentar solamente bajo forma de esbozo, para dar la idea de que las lenguas son segmentables a nivel morfémico, pero no se puede llevar hasta el final de manera persuasiva, en la medida en que es, en general, un análisis interminable y se presenta con asimetrías insuperables entre expresión y contenido.

As dificultades da análise morfolóxica das linguas fusionantes tales como as románicas foron subliñadas por Comrie (1989: 70–85). O característico das linguas fusionantes é que a expresión das distintas categorías dentro da mesma palabra se fusionan. O resultado é un morfema único insegmentable, un morfo *portmanteau* (ou acumulativo).

Comrie exemplifica co húngaro, co estonio e co castelán a dificultade da análise morfolóxica. No exemplo do estonio, observa que non hai segmentabilidade nin invariación fácil. Debido a isto, debe optar por facer alomorfos na raíz ou por facer alomorfos nos sufixos. Con respecto á forma verbal *cantas* do castelán di (Comrie 1989: 78):

> Al analizar un verbo español como **cantas** ¿debería hacerse en dos morfemas (lexema **cant-** o **canta-** y afijos **-s** o **-as**), o bien separar todas las categorías que están fusionadas

en dicha terminación (segunda persoa, singular, tempo presente, modo indicativo, primeira conxugación), considerando, xunto con el morfema léxico, outros seis morfemas?

Ante as diverxencias nas análises morfolóxicas algúns autores como Pena (1999) e Almela (2003) propoñen que o morfema é unha categoría continua ou non discreta[7]. A morfoloxía non discreta, segundo Almela (2003), baséase na lóxica borrosa[8] (Kosko 1995) e na teoría de prototipos[9]. Esta morfoloxía pretende dar conta da complexidade do obxecto de estudo.

2.2.1 A vogal temática

Aqueles verbos que, na súa conxugación, manteñen invariable o constituínte radical chámanse *verbos regulares*. Tradicionalmente clasifícanse en tres grupos, clases de verbos ou conxugacións: os chamados da primeira conxugación teñen como vogal temática *a* no infinitivo (*cantar*), os chamados da segunda conxugación teñen como vogal temática *e* no infinitivo (*varrer*) e os chamados da terceira conxugación teñen como vogal temática *i* no infinitivo (*partir*). Os verbos galegos cítanse convencionalmente polo infinitivo.

Os verbos da primeira conxugación (C I) como *cantar* forman parte dunha clase conxugacional que presenta as seguintes terminacións: -*as* ('presente de indicativo'), -*es* ('presente de subxuntivo'), -*abas* ('copretérito de indicativo'), -*arás* ('futuro de indicativo'), -*arías* ('pospretérito de indicativo'), -*ache(s)* ('pretérito de indicativo'), -*aras* (antepretérito) e -*ases* ('pretérito de subxuntivo'). Os exemplos que puxen son da P2. Este contido exprésao -*s*, excepto no pretérito de indicativo en que está amalgamado nun morfo indescompoñible. A continuación dou as terminacións da C II e da C III con exemplos só da P2. Os paradigmas completos das conxugacións regulares poden verse na epígrafe 2.2.4.

As terminacións da C II son: -*es* ('presente de indicativo'), -*as* ('presente de subxuntivo'), -*ías* ('copretérito de indicativo'), -*erás* ('futuro de indicativo'), -*erías* ('pospretérito de indicativo'), -*iche(s)* ('pretérito de indicativo'), -*eras* (antepretérito) e -*eses* ('pretérito de subxuntivo').

---

7   Sobre a lingüística non discreta véxase Moure (1996).
8   A lóxica borrosa oponse á loxica binarista ó defender que o paso dun elemento a outro non é discreto, senón gradual.
9   A teoría de prototipos ten unha orixe psicolóxica (Hilferty 1993: 36) e propugna que a organización das categorías non se basea na posesión duns trazos definitorios e esenciais, senón na existencia dun núcleo central ó redor do cal se organizan os puntos periféricos.

A C III caracterízase polas seguintes terminacións: -*es* ('presente de indicativo'), -*as* ('presente de subxuntivo'), -*ías* ('copretérito de indicativo'), -*irás* ('futuro de indicativo'), -*irías* ('pospretárito de indicativo'), -*iche(s)* ('pretérito de indicativo'), -*iras* (antepretérito) e -*ises* ('pretérito de subxuntivo').

O infinitivo latino era un substantivo verbal que se creaba no latín arcaico engadindo *-SE ó tema. Este elemento engadíase directamente á raíz (ESSE, FERRE, VELLE, POSSE) nalgúns casos residuais que case non se citan nas clasificacións latinas (Lloyd 1993: 160). Normalmente, o tema latino constaba dun elemento radical e unha vogal temática que indicaba unha clase de conxugación.

Prisciano, baseándose na última vogal do infinitivo, estableceu para o latín unha tradición que perdura ata hoxe e que consiste en considerar catro conxugacións: a primeira conxugación latina (C I) está formada por verbos que rematan en -ĀRE (CANTARE); a segunda conxugación (C II) está composta polos verbos que rematan en -ĒRE (VIDERE); a terceira conxugación, que remata en -ĔRE, pode estar formada por verbos coa P1 do presente de indicativo como LEGO 'leo' (C III-A) ou por verbos coa P1 do presente de indicativo como CAPIO 'tomo' (C III-B); a cuarta conxugación está constituída polos verbos que rematan en -ĪRE (AUDIRE)[10].

Para Lloyd (1993: 160-162), é unha clasificación deficiente xa que o verbo CAPIO é máis parecido a AUDIO (C IV) cá REGO (C III-A) ó presentaren CAPIO e AUDIO a terminación -IO na P1 do presente de indicativo (CAPIO, AUDIO), a terminación -IA no presente de subxuntivo (CAPIAM, AUDIAM), a terminación -IEBA no imperfecto de indicativo (CAPIEBAM, AUDIEBAM), etc. Véxase con máis detalle o cadro adaptado de Tekaučić (1980: 219), onde se observa unha maior similitude das terminacións da clase C III-B coa clase C IV ca coa clase C III-A:

Cadro 2: Terminacións da clase C II, da clase C III-A, da clase C III-B e da clase C IV latinas.

Infinitivo	Pres. Ind.	Pres. Subx.	Imper. Ind.	Imper. Subx.	Futuro	Xerundio	Part. simult.
ĒRE	-EO	-EAM	-EBAM	-ĒREM	-EBO	-ENDO	-ENS
	-ES	-EAS	-EBAS	-ĒRES	-EBIS		
-ĔRE	-O	-AM	-EBAM	-ĔREM	-AM	-ENDO	-ENS
	-IS	-AS	-EBAS	-ĔRES	-ES		

(fortgeführt)

---

10   Meyer-Lübke (cito por Lloyd 1993: 161) chamáballe á clase en -ĪRE clase II.

Cadro 2: Fortsetzung

Infinitivo	Pres. Ind.	Pres. Subx.	Imper. Ind.	Imper. Subx.	Futuro	Xerundio	Part. simult.
-ĔRE	-IO	-IAM	-IEBAM	-ĔREM	-IAM	-IENDO	-IENS
	-ĬS	-IAS	-IEBAS	-ĔRES	-IES		
-ĪRE	-IO	-IAM	-IEBAM	-ĪREM	-IAM	-IENDO	-IENS
	-ĪS	-IAS	-IEBAS		-IES		

Varrón falou de tres conxugacións no latín ó basearse na terminación da P2 do presente de indicativo. Así, obtivo unha clase-ās, unha clase -ēs e unha clase -īs ou -ĭs. Mario Claudio Sacerdos (cito por Lloyd 1993: 159) alude a que algúns gramáticos preferían separa-los verbos que remataban en -īs dos que remataban en -ĭs considerando así catro conxugacións.

A tradición gramatical galega (Álvarez, Monteagudo e Regueira 1986: 303–357; Álvarez e Xove 2002: 241–261; e Santamarina 1974) considera que existen tres conxugacións en galego seguindo o criterio da vogal temática do infinitivo. Pero isto faise obviando os verbos do tipo *pór*. Este verbo carece de vogal temática (*pó-ø-r*). Unha análise que postulase que *o* é vogal temática e que *p-* é a raíz é erronea porque choca coa teoría do signo lingüístico, unidade biplana con significante e significado recoñecible en máis dun contexto, soster que *p-* ten significado léxico.

A hipótese de que *o* é vogal temática vese aínda como máis erronea ó analizar a variante dialectal *pois*. En *pois*, *o* non pode ser vogal temática. Só se podería considerar vogal temática *i* pero esta é unha análise que bota man da diacronía (< PON-I-S). Os falantes do concello de Castrelo do Val que empregan *pois* usan unha forma atemática que conserva o residuo ([j]) do que foi unha vogal temática. Obsérvese que, se se acepta que o verbo *pór* é atemático (*po-ø-r*), entón non se pode soster nin que *po-ø-ø-s* nin que *poi-ø-ø-s* presentan nunha análise sincrónica unha vogal temática.

En relación co que estou explicando, lémbrese que o *o* de PONERE en latín formaba parte da raíz. En definitiva, o máis adecuado en galego é soster que *o* de *pór* forma parte da raíz e que a vogal temática *e* se perdeu no paso do galego medieval ó actual (*põ-e-r* → *pó-ø-r*).

Os argumentos aducidos lévanme a postular unha cuarta clase en galego caracterizada por non ter no infinitivo unha vogal temática[11]. Desta clase

---

11 Lémbrese que a clasificación se fai partindo do infinitivo. Por outra parte, Scalise (1994: 66) postula que *essere* é un verbo atemático en italiano.

forman parte os verbos *crer, dar, estar, ir, ler, pór, rir, ser, ter, ver, vir* e os derivados destes verbos. Excepto *dar, estar* e *ir*, o resto destes verbos perderon a vogal temática debido a unha crase desta vogal coa vogal radical. Para esta clase de verbos, cabe que algúns analistas boten man de formas subxacentes con vogal temática (*te-e-r*); agora ben, a pouca realidade de tal proceder vese con claridade cando se postulan vogais temáticas subxacentes para verbos que non tiñan vogal temática en latín (*da-a-r, esta-a-r, i-i-r*). Por outra parte, tamén se poderían considerar como atemáticos os verbos *andar* e *oír*; no entanto, a estes verbos non os vou considerar atemáticos. Volverei sobre eles máis adiante.

O verbo DĂRE tiña *a* breve en latín e non pertencía á C I (Tekaučić 1980: 225). O verbo STARE era, segundo Monteil (1992: 342), antigamente atemático. Agora ben, STARE xa o ubica Monteil (1992: 322) como verbo da C I latina con -Ā-. A carencia de vogal temática de *estar* é o que explica que se forme o presente de subxuntivo hipercaracterizado co sufixo de modo e tempo *a* (*este-ø-a-s*), propio das conxugacións distintas da C I (*cf. varr-ø-a-s* e *viv-ø-a-s*). O verbo *estar* non ten na P2 do presente de indicativo acentuación grave (*estás*) como o seu suposto modelo conxugacional (*cantas*). Tampouco ten o tema de pretérito característico da C I (*cf. canta-* e *estuv-*). Atendendo a estes datos paréceme mellor considerar que o verbo *estar* do galego actual non ten vogal temática *a* ou, se se prefire, que non pertence á clase conxugacional C I. Como moito poderíase aceptar que algunhas veces segue o modelo regular de C I; agora ben, nunca chegou a ser un auténtico membro desta clase.

Se se clasifican os verbos do galego actual en clases conxugacionais partindo da P2 do presente de indicativo resultan dúas clases principais, con vogal temática, e unha clase residual, sen vogal temática. As dúas clases principais rematan en -*a-s* (*cantas*) e en -*e-s* (*varres* e *vives*). Obsérvese que, por este criterio, a C II e a C III do galego actual forman parte dunha única conxugación.

A clase residual, sen vogal temática, na P2 do presente de indicativo (*dá-ø-s*) está formada por tódolos verbos que non teñen vogal temática no infinitivo, dos cales xa falei.

Un problema importante é o de se existe a vogal temática [ε] ou non. Santamarina (1974: 46–61) defende a existencia dunha vogal temática [ε] nas formas de pretérito da inmensa maioría dos verbos irregulares con perfecto forte na P1 e P3. Esta análise é a que defende a tradición gramatical galega (Álvarez, Monteagudo e Regueira 1986: 303–357; e Álvarez e Xove 2002: 241–261). Se ben pode admitirse unha análise de [ε] como vogal temática caracterizadora dos perfectos irregulares, para min estes verbos non lograron crear unha auténtica vogal temática. Digo isto porque estes verbos non foron capaces de xerar un infinitivo terminado en [ε] ou, dito con outras palabras, non foron capaces de marcar con [ɛ] o tema de *infectum*. Por outra parte, [ɛ] aparece en verbos con infinitivo terminado en *-ar* (*anduv[ɛ]ras*), en *-er* (*fix[ɛ]ras*) e en *-ir* (*dix[ɛ]ras*). Isto indica que [ɛ] non é marca nin da C I, nin da C II nin da C III. Como xa dixen antes, podería admitirse que este [ɛ] é marca de tema de *perfectum* dalgúns verbos irregulares. Indo máis ó detalle, habería unha subclase C I con tema de *perfectum* en [ɛ], unha subclase C II con tema de *perfectum* en [ɛ] e unha subclase C III con tema de *perfectum* en [ɛ]. Esta análise non será a preferida por min polas razóns que xa dei e por outras que dou a continuación.

Como xa sostiven antes, o verbo *pór* e outros son atemáticos no tema de presente. En coherencia con isto coido que é mellor considerar que o pretérito destes verbos tampouco ten vogal temática. Admitir que *pór* non ten vogal temática no tema de presente pero si no tema de pretérito non me parece coherente. En definitiva, a análise de *pux[ɛ]ramos*, unha vez descartada [ɛ] como vogal temática, é a seguinte: *pux-* é a raíz, *-[ɛ]ra-* indica modo 'indicativo' e tempo 'antepretérito' e *-mos* significa 'primeira persoa de plural ou P4'.

Outra análise de *pux[ɛ]ramos* consiste en analizar *-[ɛ]-* como formante da raíz (*pux[ɛ]-*), pero isto significaría que o pretérito deste verbo ten tres raíces: *pux[e]-*, *pux[ɛ]-* e *pux-*. Seguindo a teoría que postula que a raíz é o elemento invariable que resulta de elimina-las terminacións variables, penso que a raíz é *pux-* e que o resto de cada forma verbal é terminación. Dentro desta, unhas veces o SMT e o SNP van amalgamados (*-[ɛ]stes*) e outras veces o SMT (*-[ɛ]ra-*) e o SNP (*-mos*) teñen significantes distintos.

O elemento *-[ɛ]ra-* indicaba en latín o valor modotemporal 'antepretérito de indicativo' (Palmer 1984: 275). Lémbrese que CANTAVĔRAM se segmentaba nunha raíz (CANT-), unha vogal temática (-A-), unha marca de aspecto perfectivo (-V-), unha marca modotemporal (-ĔRA-) e unha marca numeropersoal (-M). No galego actual, a C I ten terminación *-ara* para o valor 'antepretérito de indicativo', a C II a terminación *-era*, a C III a terminación *-ira* e moitos verbos anómalos presentan a secuencia *-[ɛ]ra*. Se se admite a análise da vogal temática nas clases conxugacionais regulares (C I, C II e C III), na C I a terminación *-ara* analízase como *-a-ra*, na C II a terminación *-era* analízase como *-e-ra* e na C III a terminación *-ira* analízase como *-i-ra*. Agora ben, a forma *d[ɛ]ra* do verbo *dar* esixe outro tipo de análise. Na miña proposta analítica, a forma de antepretérito de indicativo do verbo *dar d[ɛ]ra* descomponse nunha raíz especial para as formas de pretérito (*d[ɛ]-*) e unha marca de SMT (sufixo de modo e tempo) igual á dos outros verbos (*-ra*). A anomalía deste verbo consiste en non ter vogal temática nin no tema de presente (*dá-ø-ø-s*) nin no tema de pretérito (*d[ɛ]-ø-ra-s*). O verbo *dar* (Tekaučić 1980: 225) era atemático en latín e continúa sendo atemático no galego actual. Por outra parte, o *e* do pretérito latino do verbo DARE DEDI tampouco era vogal temática.

Esta análise que acabo de propor vale para o verbo *dar*, pero non para outros verbos sen vogal temática, que xa citei anteriormente. Así, por exemplo, *pux[ɛ]ras* e *tuv[ɛ]ras* están formadas por unha raíz (*pux-* e *tuv-*), un SMT (*-[ɛ]ra-*) e un SNP (*-s*). Ambas a dúas raíces (*pux-* e *tuv-*) coinciden co tema verbal. Isto último significa que estes verbos son atemáticos no tema de presente (*po-ø-ø-s* e *te-ø-ø-s*) e no tema de pretérito (*pux-ø-[ɛ]ches* e *tuv-ø-[ɛ]ches*). O tema de presente de *pór* e *ter* fíxose atemático como resultado da crase que sufriron a vogal radical e a vogal temática.

Alcoba Rueda (1999: 4935–4942) coida que, en castelán, os verbos verdadeiramente regulares son os da clase conxugacional primeira (C I). Para el, os outros verbos son irregulares. Este autor tamén considera que a C II e a C III se igualan nunha única conxugación en moitas formas verbais. Así, en moitas ocasións a análise dunha vogal temática só permite facer distinción entre unha clase conxugacional C I con -*a*- e outra clase conxugacional (C II e C III), sen -*a*- e con outra vogal[12] (-*e*- ou -*i*-).

Parécenme moi acertadas estas ideas de Alcoba Rueda. Ademais, se temos en conta que hai en galego verbos atemáticos do tipo *pór*, *dar*, *ter*, etc., podemos situa-los verbos do galego nunha escala de maior a menor regularidade. A maior regularidade corresponde á C I, a intermedia á C II e á C III, e a menor regularidade ós verbos atemáticos que acabo de mentar, os cales poden ser denominados *anómalos*. Na actualidade non se crean verbos da C III en galego. Os da segunda conxugación (C II) son moi pouco produtivos. Só se poden crear verbos novos desta conxugación co circunfixo *en* ... *-ec-e* (Alonso Núñez 2008b: 355).

Dende o meu punto de vista, da clase conxugacional C I non forman parte os verbos galegos *dar* e *estar*. Reitero aquí a argumentación sobre *estar* que xa fixen antes e ademais engado algún argumento novo. Se *estar* tivese vogal temática -*a*-, o seu antepretérito sería coma o dos verbos da C I. Agora ben, en vez de ter **estara* (*cf.* con *cantara*) como forma de P1 de antepretérito de indicativo e **estastes* (*cf.* con *cantastes*) como forma de P5 do pretérito de indicativo, o galego normativo ten *estiv[ɛ]ra* e *estiv[ɛ]stes* e o galego tradicional do concello de Castrelo do Val ten *estuv[ɛ]ra* e *estuv[ɛ]stes*. Ademais o presente de subxuntivo *esteas* ten como marca de MT -*a*- e non -*e*- como fan os verbos da CI. Por outra parte, tampouco o presente de subxuntivo do tipo *esté* (*cf. cante*), o

---

12 Alcoba Rueda acepta para o castelán -*ie*- como vogal temática.

presente de indicativo (*cf. estás* e *cantas*) e o imperativo (*cf. estate aí* e *canta*) son regulares, xa que teñen unha acentuación distinta cá dos verbos regulares.

Así pois, dende un punto de vista diacrónico, o verbo *estar* non se asimilou completamente á clase conxugacional C I no tema de *perfectum* nin incluso tampouco en varios tempos do tema de *infectum*, que xa citei. O dito para *estar* pode sosterse *grosso modo* para o verbo *andar* do galego tradicional do concello de Castrelo do Val. Neste concello o verbo *andar* segue o modelo regular da C I no tema de *infectum*, pero só os nenos e algún falante maior o utilizan esporadicamente como regular no tema de *perfectum*. Dende un punto de vista diacrónico, o verbo *andar* non se fixo autenticamente regular na fala do concello de Castrelo do Val, xa que o tema de *perfectum* non se chegou a regularizar e é *anduv-*.

Como xa dixen antes, *estar* carece de vogal temática no tema de presente (*está-ø-ø-s*) e tampouco ten vogal temática no tema de pretérito (*estiv[ε]ras* e *estuv[ε]ras*). Soster que este verbo ten vogal temática -*a*- no tema de presente e vogal temática -[ε]- no tema de pretérito, excepto na P1 do pretérito de indicativo (*estuv[e]n*), como se fai por exemplo en Álvarez, Monteagudo e Regueira (1986: 303-357) significaría quitarlle de vez a entidade de morfema a calquera vogal temática. Aínda que me resulta admisible que se analice *andar* como verbo da clase conxugacional C I no tema de *infectum*, considero máis coherente soster que non ten vogal temática e que non chegou a facerse un auténtico verbo da clase conxugacional C I; en cambio, o galego normativo conxuga *andar* como verbo regular da clase conxugacional C I.

Outra cuestión diferente sería postular que a vogal temática non é un auténtico morfema. Penso que esta pode ser considerada como un auténtico morfema que indica clase conxugacional; agora ben, esta hipótese esixe usa-lo concepto de vogal temática como indicadora de algo, dalgún significado morfolóxico. Considerar que un verbo ten unha vogal temática para o tema de presente e outra (ou outras) para o tema de pretérito significa, para min, negar que a vogal temática clasifique os verbos nunha clase conxugacional, dado que volve imprevisible para o falante e para o estudoso o significado que achega.

Álvarez e Xove (2002: 242) coidan que a vogal temática non é un morfema, un signo mínimo. Para eles, dentro de cada paradigma conxugacional cada vogal temática contén un conxunto de variantes que se poñen en estreita relación cun determinado alomorfo dun sufixo flexivo.

Dubert (2004) coincide cos autores citados en que a vogal temática non é un morfema, concorda con Porto Dapena (1972) en soste-lo carácter léxico da vogal temática e acepta de Santamarina (1974) o valor sinalador de clase conxugacional da vogal temática. Por último, este autor coincide con

Fernández Rei (1990) en que a vogal temática desenvolve secundariamente valores gramaticais.

A análise que Dubert fai de *quix[ε]ches* é a seguinte: o valor 'P2' márcao a terminación *-ches*, o valor 'pretérito de indicativo' indícano *quix-*, *-[ε]* e *-ches*. Esta proposta mostra a dificultade para segmentar en morfos e o carácter fusionante da morfoloxía verbal galega. Nesta análise Dubert admite que a vogal temática [ε] significa 'pretérito de indicativo'. A diferenza coa miña análise radica en que eu non admito [ε] como vogal temática.

Hernández Alonso (2000) non considera a vogal temática do verbo castelán como morfema. Para el, a vogal temática é un segmento morfonolóxico que constitúe o morfema 1 en unión do morfema TAM (tempo, aspecto e modo). Este autor divide o verbo en: morfema léxico (ou lexema) + morfema I (segmento morfonolóxico vogal temática + morfema TAM) + morfema II (morfema actancial ou de número e persoa). Esta proposta de Hernández Alonso parécese á miña, xa que eu doulle á vogal temática verbal un estatuto parecido ó da vogal xenérica dos substantivos (*vid.* Alonso Núñez 2007).

2.2.2 O sufixo de modo e tempo

Neste traballo vou considerar que na morfoloxía verbal hai un sufixo que indica modo e tempo (SMT). Sigo nisto a tradición gramatical galega (Álvarez, Monteagudo e Regueira 1986: 303–357; Álvarez e Xove 2002: 241–261; e Fernández Rei 1990) e a autores como Veiga (1992), quen considera que o aspecto non é unha noción funcional independente do sistema verbal.

O aspecto identifica a maneira como se desenvolve o evento verbal. O aspecto refírese ó tempo interno do suceso, considerado en si mesmo, con independencia da súa localización cronolóxica con respecto ó momento da fala. Un suceso pode presentarse como preciso, durativo, reiterativo, incoativo, imperfectivo (en curso) ou perfectivo (acabado). Asumo que a categoría aspecto carece de desinencias especiais e que, na conxugación, se limita á oposición (perfectivo *vs.* imperfectivo), dependente da categoría tempo. Na conxugación verbal galega, só son perfectivos o pretérito de indicativo e o antepretérito de indicativo. Isto fai que a oposición aspectual só apareza mediante flexión nas formas de pasado (*cantaba vs. cantei* e *cantara*).

Outros autores defenden na estrutura morfolóxica do verbo un sufixo de tempo, de aspecto e de modo (TAM). O elemento TAM deféndeno para a morfoloxía verbal do castelán Alcoba Rueda (1999: 4926–4929), Ambadiang (1993) e López García (1998: 363–384).

Este último autor expón que houbo tres tipos de acercamento ó tempo. Un que considera o tempo como temporalidade, asumido modernamente por Rojo (1974; 1976; 1988; e 1990). Este acercamento é o que sigo eu nesta investigación. Un segundo acercamento concibe o tempo como coherencia temporal. Esta postura é propia da gramática tradicional española. A coherencia temporal está ligada necesariamente ó proceso de enunciación e ocúpase dos tempos enunciados antes ca de posicións temporais.

O terceiro acercamento do que fala López García concibe o tempo como actitude temporal. Esta postura popularizouna Benveniste e distingue entre tempos que valen para narrar e tempos que serven para comentar acontecementos que se están desenvolvendo ante os participantes no acto de fala.

Por outra parte, é interesante destacar que os morfemas temporais das linguas indoeuropeas son considerados por Monteil (1992: 364–365) antigos morfemas modais. Tamén Palmer (1984: 303) postula algo parecido. Para este autor, o indoeuropeo non desenvolveu a categoría gramatical de tempo; os chamados *temas temporais* indicaban diferentes aspectos da acción verbal. En latín, desenvolveuse un sistema gramatical completo de referencias ó presente, ó pasado e ó futuro. Seguindo a Palmer, pódese dicir que o verbo indoeuropeo evolucionou ó verbo latino transformando as diferenzas aspectuais en diferenzas temporais.

Acostúmase soster na tradición gramatical galega (Álvarez, Monteagudo e Regueira 1986: 303–357; e Álvarez e Xove 2002: 241–261) que o presente de indicativo non está marcado en canto ó tempo e ó modo. A análise de *cantas* é, en consecuencia, cant-a-ϕ-s. En cambio, a análise admitida de *cantes* é cant-ø-e-s, con -e- como sufixo modotemporal e sen vogal temática.

Se se considera que a vogal temática non é un auténtico morfema pode sosterse que o -a- de *cantas* é a marca de 'presente de indicativo'. Ademais os defensores desta hipótese teñen que postular máis alomorfos do sufixo modotemporal. Así, por exemplo, o significado 'antepretérito de indicativo' tería os alomorfos -ara, -era, -ira, -[ɛ]ra e -ra. Esta hipótese non será a que siga neste estudo, a pesar de que me parece coherente.

Tampouco seguirei neste traballo a terminoloxía de Lloyd (1993: 162–163), quen sostén que o *e* do latín AMEM é indicador de vogal temática. Esta análise paréceme menos adecuada cá proposta por min e pola tradición gramatical galega. Estas alternativas na segmentación morfolóxica mostran que as linguas fusionantes non presentan lindes claros de morfemas nin significantes inequívocos para un determinado morfo (Comrie 1989: 70–85).

Así pois, deixando de lado a P1, o presente de indicativo non ten unha marca morfemática. Ademais, neste tempo, a C I presenta vogal temática -a- (cant-a-ø-mos), a C II vogal temática -e- (varr-e-ø-mos) e a C III vogal temática -i-

(*part-i-ø-mos*). Por outra parte, hai verbos que carecen de vogal temática (*po-ø-ø-mos*). A C II e a C III iguálanse en tódalas persoas, excepto na P4 e na P5. Nestas últimas formas a vogal temática é tónica, mentres nas outras a vogal temática é átona. A atonicidade destas formas axuda a que a C II e a C III se igualen na mesma realización fónica dun arquifonema, que se pode representar como /E/. En *varres* e *partes*, o elemento -*e*- (ou /E/) é vogal temática de C II e C III ou, mellor dito, é marca de que a conxugación non é C I.

Na P1 do presente de indicativo da CI, -*o* (*cant-o*) amalgama os contidos 'presente de indicativo e primeira persoa de singular'[13]. O mesmo se pode dicir do -*o* de *varro* e *parto*. Agora ben, as formas tradicionais do galego de Castrelo do Val *varrio* e *partio* esixen outra análise. O elemento -*[j]o* de *varrio* e *partio* significan 'primeira persoa de singular do presente de indicativo dun verbo que non sexa da C I'. Esta terminación é un arcaísmo[14] que se conservou máis na fala do concello de Castrelo do Val; agora ben, na actualidade hai moitos verbos da C II e da C III nesta fala que só admiten a terminación -*o* tales como *favorecer* (*favorezo*) e *producir* (*produzo*).

O elemento acumulativo (ou *portmanteau*) -*[j]o* tamén aparece en verbos irregulares do galego do municipio de Castrelo do Val tales como *moer* (*mo-[j]o*) e *caír* (*ca-[j]o*). Esta terminación tamén aparecía en verbos anómalos do tipo de *pór* (*poño*) e *vir* (*veño*). Tanto *poño* como *veño* presupoñen *PONIO e *VENIO. O elemento -*[j]o* tamén figura neste concello en verbos anómalos como *podio*. Esta forma compite con *podo* na fala estudada.

No presente de indicativo dos verbos anómalos pode haber raíces distintas. Un exemplo disto é o verbo *ser*. Este ten na P1 a raíz *so*- (*son*) e na P2 a raíz *ere*- (*eres*) ou *e*- (*es*).

O presente de subxuntivo caracterízase polo morfema -*e*- para a CI (*am-ø-e-s*) e polo morfema -*a*- para a CII (*varr-ø-a-s*) e a CIII (*part-ø-a-s*). Os falantes máis tradicionais do concello estudado conservan como marca do presente de subxuntivo -*[j]a*- (*varr-ø-[j]a-s*, *part-ø-[j]a-s*) para verbos que non son da C

---

13 Esta análise deféndea Lloyd (1993: 157–158) para o latín. Por outra parte, Hernández Alonso (2000) non considera que o -*o* do presente de indicativo sexa marca numeropersoal en castelán; con todo, acepta que se poida considerar morfo *portmanteau* debido a que naceu dunha fusión de morfos e, en consecuencia, pode achegar varios significados. Agora ben, a tradición gramatical galega opta por analiza-lo -*o* de *canto* como marca numeropersoal. Esta análise tamén a defenden algúns autores para o latín e o castelán.

14 Denomínoo *arcaísmo* porque poño este elemento en relación coa terminación -IO de CAPIO.

I. As formas *valio* do presente de indicativo e as formas de todo o presente de subxuntivo (*valias*) do verbo *valer* non serían irregulares neste concello, xa que presentarían o alomorfo con [j] característico desta fala. Agora ben, as formas do tipo *valgo* e *valgas* si que farían a este verbo anómalo.

O copretérito de indicativo caracterízase polo alomorfo -*ba*- nos verbos da C I; en cambio, os verbos da C II e da C III presentan o elemento -*ía* / -*ia*-. A tradición gramatical galega (Álvarez, Monteagudo e Regueira 1986: 303–357; e Álvarez e Xove 2002: 241–261) considera -*í*- como vogal temática (de C II e C III ou, mellor dito, de non C I) e -*a*- como sufixo modotemporal.

Eu vou postular que -*ía*- contén amalgamados os contidos 'copretérito de indicativo de C II e C III (ou de non C I)'. Isto é o que defende Mattos e Silva (1994: 44–46) para o portugués. Defendo isto aínda que existen copretéritos de indicativo de verbos anómalos como *puñas* e *tiñas* que esixen unha análise morfolóxica que considere -*a*- como sufixo modotemporal. Todo isto implica que existen tres alomorfos do SMT 'copretérito de indicativo': -*ba*-, -*ía*- / -*ia*- e -*a*-.[15] A razón da preferencia polo significante -*ía*- / -*ia*- para indicar 'copretérito de indicativo de non C I' radica en que -*í*- tónico non se pode postular como realización do fonema /e/, que é o característico da C II. Dito con outras palabras, a única maneira de explicar que [i] tónico é unha realización de /e/ consiste en recorrer á fonoloxía diacrónica. Pero a esta non ten acceso o falante sen estudos lingüísticos. Por outra parte, a análise que acabo de expor é coherente coa análise que propuxen para o presente de subxuntivo do tipo *varr-ø-[j]a-s* (*cf.* con *varr-ø-ía-s*).

Os verbos anómalos coma *pór* teñen unha dobre marca para o copretérito de indicativo xa que, ademais do morfema -*a*-, teñen unha raíz especial que significa 'copretérito de indicativo'. Esta raíz é o resultado da evolución fonética que transformou, por exemplo, *PONIAS en *puñas*.

A diferenza entre o presente de subxuntivo e o copretérito de indicativo ou non se dá (*cf. varr-ø-[j]a-mos* e *varr-ø-[j]a-mos*) ou se fundamenta nunha acentuación distinta (*cf. varr-ø-[j]a-mos* e *varr-ø-ía-mos*, *varr-ø-[j]a-s* e *varr-ø-ía-s*). A análise do presente de subxuntivo como *varr-[j]-a-s* non a vou postular porque parto do suposto de que o presente de subxuntivo non ten vogal temática.

---

15 Spencer (2004: 142) analiza no castelán *comía* un -*i*- que indica 'imperfecto + clase conxugacional (2ª ou 3ª)' e un -*a* que significa 'persoa + número + imperfecto'. Estas análises tan diferentes levan a algúns autores a defender unha concepción non discreta do concepto *morfema* (Pena 1999: 4318–4326; e Almela 2003).

Con todo, resúltame admisible soster que [a] e [ja] marcan 'non C I + presente de subxuntivo' e que [e] marca 'C I + presente de subxuntivo'.

O contido 'futuro de indicativo' é expresado, segundo a tradición gramatical galega (Álvarez, Monteagudo e Regueira 1986: 303–357; e Álvarez e Xove 2002: 241–261) polos alomorfos *-re-* e *-ra-*. O primeiro aparece na primeira persoa de singular, na primeira persoa de plural e na segunda persoa de plural, e o segundo alomorfo na segunda persoa de singular, na terceira persoa de singular e na terceira persoa de plural (*cant-a-re-i, cant-a-rá-s, cant-a-rá, cant-a-re-mos, cant-a-re-is* ou *cant-a-re-ndes, cant-a-rá-n*). Esta análise reduce o número de alomorfos do contido 'futuro de indicativo', pero aumenta o número de alomorfos da primeira persoa de singular (*cant-a-re-i*).

Por coherencia, quen realice esta análise debería tamén analizar *hei* como *he-ø-ø-i*. Esta última análise aumenta o número de alomorfos da primeira persoa de singular do presente de indicativo. Dende o meu punto de vista, quizás sexa mellor analizar *cantarei* como *cant-a-rei*, cun segmento *-rei* inanalizable e no que se amalgaman os valores 'futuro de indicativo e primeira persoa'. Así mesmo, coido que é mellor considerar que *hei* é unha forma inanalizable en morfoloxía sincrónica. En caso de que estas últimas análises propostas por min non se consideren mellores cás outras análises xa explicadas, canto menos parécenme defendibles. Coido máis adecuado non segmentar *-rei* debido a que, se se segmenta *-i*, este indica 'P1 do futuro de indicativo' e isto vén sendo moi parecido a postular que *-rei* amalgama os contidos 'futuro de indicativo e P1'. As formas residuais do tipo *cantarein*, que emprega o informante principal de Veiga de Nostre (VN-1), tamén considero que amalgaman o contido antedito en *-rein*. Non me adentro máis nesta cuestión; quero, no entanto, repetir que as análises morfolóxicas dos verbos máis detalladas non son mellores cás menos detalladas. Lémbrense en relación con isto as palabras, xa citadas, de Matthews (1972: 121).

O significado 'pospretérito de indicativo' ou, en terminoloxía tradicional, 'condicional' ten dous alomorfos *-ria* e *-ría* ou ben un único alomorfo *-ría*. Este último alomorfo pódeno ter como único algúns falantes novos do concello de Castrelo do Val que non conservan a acentuación grave na primeira persoa de plural e na segunda persoa de plural. O galego tradicional da fala obxecto de estudo presenta o alomorfo *-ria* na primeira persoa de plural e na segunda persoa de plural e o alomorfo *-ría* no resto dos casos.

Hai autores como, por exemplo, Alcoba Rueda (1999) que defenden en castelán a existencia dun tema especial para o futuro de indicativo e para o pospretérito de indicativo. Este tema estaría constituído polo infinitivo. Considero que esta análise é máis diacrónica ca sincrónica. A soldaxe ou síntese nunha única palabra do futuro de indicativo e e do pospretérito de indicativo paréceme innegable. As formas anómalas do tipo *fa-ø-rá-s, di-ø-rá-s, fa-ø-re-mos* e *di-ø-re-mos* apuntan cara á segmentación de *-rá-* e *-re-* como SMT. *Fa-* e *di-* son na actualidade raíces especiais distintas das raíces dos infinitivos *fac-* e *dic-*. Agora ben, as raíces do futuro de indicativo *fa-* e *di-* son índice evidente de que no pasado deberon existir os infinitivos **far*[16] e **dir*.

O xerundio e o participio constrúense co tema de *infectum* (ou, se se prefire, de presente) e un morfema que indica fundamentalmente aspecto imperfectivo no xerundio (*am-a-ndo*) e aspecto perfectivo no participio (*am-a-d-o*).

Nas perífrases verbais, o participio non é variable (*María non deu lavado a mesa*); en cambio, o adxectivo concorda co substantivo do que expresa unha propiedade (*a mesa lavada é a máis bonita*). En expresións como *María foi levada a Madrid, levada* ponse como exemplo de participio na tradición gramatical galega (Álvarez, Monteagudo e Regueira 1986: 303–357; e Álvarez e Xove 2002: 241–261). Así pois, postulo que o participio ten un único alomorfo *-d-* e matizo que nas perífrases verbais o participio vai na forma non marcada de masculino singular[17]. Para Hernández Alonso (2000: 204), o participio non é un auténtico verbo debido a que ten elementos flexivos nominais.

O infinitivo presenta como marca propia *-r*. O infinitivo é o elemento non marcado das formas nominais do verbo, xa que non indica nin perfectividade como o participio nin imperfectividade como o xerundio. Algúns dos meus informantes teñen *-re* como marca alternante con *-r* para o infinitivo.

O infinitivo conxugado é un infinitivo con flexión numeropersoal. Para min, o infinitivo conxugado ten dous alomorfos: *-re* na P2 e P6 e *-r* no resto dos casos. Esta análise ten a vantaxe de que non aumenta os alomorfos dos sufixos de número e persoa. Lémbrese que algúns dos meus informantes, por exemplo VN-1, teñen infinitivos do tipo *facere*. Outra análise posible consiste en aumenta-los alomorfos de P2 e de P6. Nesta segmentación, *-es* indicaría 'segunda persoa de singular do infinitivo conxugado' e *-en* 'terceira persoa de plural do infinitivo conxugado'. Esta última é a análise que se propón na tradición gramatical galega (Álvarez, Monteagudo e Regueira 1986: 303–357; Álvarez e Xove 2002: 241–261; e Santamarina 1974).

---

16 A forma de infinitivo *f[ɛ]r* rexistreina en Piornedo.
17 Por outra parte, en exemplos como *o lavado do coche, lavado* xa non é nin participio nin adxectivo, senón substantivo. Neste caso *lavado* analízase como *lav-ad-o* e o sufixo *-ad-* indica 'acción ou efecto de lavar'.

Descrición morfolóxica 45

Nas dúas subepígrafes que veñen a continuación párome na P4 e a P5 do copretérito de indicativo (2.2.2.1) e no tema de *perfectum* (2.2.2.2).

2.2.2.1 A P4 e a P5 do copretérito de indicativo

Nas gravacións de Campobecerros, a falante máis vella (Ca-2) usou acentuación grave para a P4 e a P5 do copretérito de indicativo (*levabamos, viamos, estabamos, chamabamos, viñamos, ibamos, andabamos* e *baixabamos*). No entanto, na xuventude deste lugar observo que xa hai unha presenza maior da acentuación esdrúxula. Aínda que os usos dos novos dependen de cada falante en concreto, hai algúns que tenden á acentuación esdrúxula debido a que a norma do castelán ten acentuación esdrúxula. O falante máis novo que gravei en Campobecerros (Ca-4) non utilizou formas de copretérito de indicativo. A informante principal de Campobecerros (Ca-1), nacida en 1937, alternou na gravación variantes esdrúxulas (*andábamos, disfrazábamonos, púñamos*) con variantes graves (*andabamos, levabamos*).

Isto que acabo de comentar para Campobecerros é máis ou menos o que acontece en San Paio. Neste lugar só atestei formas con acentuación grave nas gravacións e nas enquisas dos falantes vellos; agora ben, un neto da informante principal alternou na gravación *ibamos* e *íbamos*.

O resto dos meus informantes principais deron como resposta variantes con acentuación grave, excepto a informante principal de Castrelo do Val (CV-1) e a informante principal de Marbán (Ma-1)[18]. A informante principal de Castrelo do Val tamén respondeu algunha vez con formas alternantes (*íbamos / ibamos*). Por outra parte, na gravación de Castrelo do Val, predominou a acentuación grave, pero outro informante (CV-2) tamén usou a forma esdrúxula *éramos*.

A informante principal de Gondulfes (Go-1) e o informante principal de Pepín (Pe-1) responderon con formas alternantes. A primeira deu como resposta *íbamos / ibamos* e o segundo *cantabamos / cantábamos*.

No resto dos lugares atopei casos de acentuación esdrúxula nas gravacións de Veiga de Nostre (*éramos* en alternancia no mesmo falante con *eramos*), de Ribas (*tirnábamonos*), de Servoi (*viñamos*), de Portocamba (*íbamos, viñamos, volvíamos, andábamos, pasábamolo*), de Fontefría (*xuntábamonos*) e de Vilar (*víñamos* en alternancia na mesma falante con *viñamos*).

Hai algúns lugares dos cales non citei exemplos de acentuación esdrúxula, pero cómpre precisar que iso pode deberse ó azar. Quero dicir con isto que

---

18   Esta informante, que residiu fóra de Galicia bastantes anos, tamén usou formas castelás como *había soltado*.

puido coincidir que os meus informantes non usasen formas esdrúxulas cando eu falei con eles. Por outra parte, a falta de variantes esdrúxulas nalgún lugar do concello tamén se pode deber a que non gravei neses lugares falantes novos ou falantes que teñan formas de copretérito de indicativo con acentuación esdrúxula.

O dito para a P4 e a P5 do copretérito de indicativo é válido *grosso modo* para o pospretérito de indicativo (ou condicional) e para o antepretérito de indicativo. Máis adiante (2.2.2.2) falarei do pretérito de subxuntivo e das formas con -*ra*- usadas co valor de pretérito de subxuntivo.

2.2.2.2 O tema de *perfectum*

Como xa dixen, en latín existía tema de *infectum* e tema de *perfectum*. A diferenza fundamental entre, por exemplo, o presente de indicativo e o pretérito perfecto de AMARE (*cf.* AM-ɸ-A-S *vs.* AM-A-V-ISTI) radicaba en que había unha desinencia especial de número e persoa para o pretérito perfecto -ISTI e ademais un tema especial de *perfectum* AMAV- (*cf.* con AMA-). No tema AMAV- pode segmentarse unha raíz AM-, unha vogal temática -A- e un sufixo que indica aspecto perfectivo -V-.

Lloyd (1993: 157–159) considera que o verbo latino estaba integrado por dous subsistemas que eran ata certo punto independentes (o subsistema de *infectum* e o subsistema de *perfectum*). Nalgúns verbos como FERRE, a arbitrariedade da relación entre *infectum* e *perfectum* era total (*cf.* FER-O e FER-S con TUL-I e TUL-ISTI). Esta arbitrariedade denomínase en morfoloxía *supletivismo*.

No galego actual, a dobre caracterización do pretérito de indicativo só se dá nos verbos anómalos. Neles este tempo ten unha flexión especial e ademais unha raíz especial (*cf. d[ɛ]ches* con *dás*).

A oposición entre *d[ɛ]ches* e *dás* radica en que *d[ɛ]ches* ten unha raíz especial (*d[ɛ]*-), distinta da raíz de presente *da*- e ademais en que ten unha desinencia especial *-ches*. Nesta amalgámanse os contidos de tempo e modo ('pretérito de indicativo') e os contidos de número e persoa ('segunda persoa de singular').

Os verbos regulares da C I, C II e C III distinguen o pretérito de indicativo do presente de indicativo por medio unicamente dunhas desinencias especiais (*cf. cantaron, varreron* e *partiron* con *cantan, varren* e *parten*). Cando fale do sufixo de número e persoa (2.2.3), comentarei máis cuestións relacionadas co pretérito de indicativo.

A marca do antepretérito de indicativo predominante é -*ra*. A maioría dos verbos anómalos teñen como marca deste valor -[ɛ]*ra* / (-[ɛ]*ra*[19]). Os verbos

---

19　O elemento -[ɛ]*ra* dáse nas formas graves do tipo *dix[ɛ]ramos*. Os falantes que só teñan palabras esdrúxulas do tipo *dixéramos* non teñen o alomorfo -[ɛ]*ra*.

regulares engaden este elemento ó tema verbal único (*cant-a-ra-mos*, *varr-e-ra-mos*, *part-i-ra-mos*). Algúns verbos irregulares engaden esta marca de antepretérito de indicativo ó tema verbal especial de pretérito (*d[ɛ]-ø-ra-mos*), distinto do tema verbal de presente. A maioría dos verbos anómalos forman o antepretérito coa raíz especial de pretérito, coincidente co tema verbal de pretérito e distinta do tema verbal de presente e o alomorfo *-[ɛ]ra* / *-[e]ra* (*pux-ø-[ɛ]ra-s*, *pux-ø-[e]ra-mos*).

Co tema especial de pretérito tamén se constrúe o pretérito de subxuntivo e o futuro de subxuntivo dos verbos irregulares.

O futuro de subxuntivo pódese dicir que non se usa na fala do municipio de Castrelo do Val. É posible que haxa algún falante vello que conserve esta forma en frases feitas que reproduzan usos lingüísticos do pasado. De tódolos xeitos, eu nunca lle escoitei esta forma a ningún falante do concello de Castrelo do Val. Taboada (1979b: 131–159) tampouco a recolleu no seu estudo sobre a fala do val de Verín. Na tradición gramatical galega (Álvarez, Monteagudo e Regueira 1986: 303–357; Álvarez e Xove 2002: 241–261; Fernández Rei 1990; e Santamarina 1974), considérase que o futuro de subxuntivo ten a mesma marca có infinitivo conxugado (*-r*). Isto obriga a aumenta-los alomorfos de P2 con *-es* e de P6 con *-en*. Como xa expliquei para o infinitivo conxugado, considero que é mellor propor que nos verbos regulares as marcas de futuro de subxuntivo son: *-r* na P1, P3, P4 e P5 e *-re* na P2 e na P6. Estas marcas tamén as ten un verbo anómalo como *dar* (*d[ɛ]-ø-re-s*). A maioría dos verbos irregulares construen o futuro de subxuntivo co tema especial de pretérito e as marcas *-[ɛ]re* para a P2 e P6 (*pux-ø-[ɛ]re-s*) e *-[ɛ]r-* para o resto das persoas (*pux-ø-[ɛ]r-mos*).

Algúns falantes vellos do concello de Castrelo do Val poden ter como únicas marcas do pretérito de subxuntivo os morfos *-se* e *-[ɛ]se* / (*-[e]se*[20]). Os verbos regulares e algún anómalo (*d[ɛ]-ø-se-s*) teñen o alomorfo *-se*. A maioría dos verbos con irregularidade propia teñen como marca *-[ɛ]se* / *-[e]se* (*pux-ø-[ɛ]se-s*). Os informantes que usan os morfos *-se*, *-[ɛ]se* e *-[e]se* son falantes conservadores que tenden a conserva-la acentuación grave da P4 e da P5 (*cantas[e]mos*, *puxes[e]mos*). Os falantes novos do concello estudado usan normalmente como marca para o contido 'pretérito de subxuntivo' *-ra* e *-[ɛ]ra* / *-[e]ra*, e ademais non todos conservan a acentuación grave na P4 e na P5 (*cantáramos*, *puxéramos*). Para estes falantes a palabra *cantaramos* (ou *cantáramos*) pode ser marca ou ben do antepretérito de indicativo ou ben do pretérito de subxuntivo. Outros falantes do municipio alternan como marcas do pretérito de subxuntivo *-ra*

---

20 Véxase o dito para os alomorfos do antepretérito de indicativo.

/ -[ɛ]ra (e / ou -[e]ra) e -se / -[ɛ]se (e / ou -[e]se). Vexamos máis en detalle algúns datos relacionados con isto.

En tódolos lugares do concello de Castrelo do Val, detectei o uso de formas con -ra- / -[ɛ]ra-, -[e]ra (*houbera*) para valores propios do pretérito de subxuntivo. Os informantes principais de Campobecerros (Ca-1) e Portocamba (Po-1) dixéronme que non lle encontraban diferenza cando empregaban *viñera* ou *viñese*. A información destes informantes refírese evidentemente ós usos propios do pretérito de subxuntivo destes elementos.

Nas enquisas principais de Castrelo do Val (CV-1) e de Piornedo (Pi-1), as informantes responderon con variantes con -se- / -[ɛ]se- (-[e]se). A primeira deu como resposta *collese* e a segunda, *fósemos*. Agora ben, na enquisa complementaria de Piornedo (Pi-5), a informante optou por elementos do tipo -ra- (*colleramos, collerais, collera*). Aínda que non pretendo ser exhaustivo, nas gravacións detectei certo uso de formas con -ra- / -[ɛ]ra (-[e]ra) con valores de pretérito de subxuntivo. Así, podo citar *sen que lle souperan eles...* (Pepín), *se hoxe tuvéramos* (Pepín), *coma se fora un marrau* (Ribas), *se o mataran* (Nocedo), *que querían que lle estuveran as escaleiras sin luz* (Campobecerros), etc. Nas gravacións tamén atestei a conservación de formas con -se- / -[ɛ]se- (-[e]se). Algúns exemplos destas son: *pra que o visen* (Pepín), *que me entendesen* (Pepín), *que fosen xuntos* (Pepín), *houbese* (Nocedo), *tuvesen* (Nocedo), *fose* (Nocedo), *para que se botase a min* (Marbán), etc.

Destes datos parece inducirse que predomina a alternancia; agora ben, o informante da enquisa complementaria de Vilar (Vi-4), nacido en 1959, manifestou que só usaba as formas do tipo -ra- e alomorfos (*se nós colleramos, se eu collera*). Os informantes das enquisas complementarias de Fontefría (Fo-3) e Servoi (Se-2) dixeron que empregaban variantes do tipo *dese*, pero non admitiron que utilizaban *colléseis / colleseis* nin *collesemos*. Os informantes da enquisa complementaria de Nocedo (No-3, No-4 e No-5) admitiron o uso de *collese*, pero non o de *collesemos*. Os informantes das enquisas complementarias de Gondulfes (Go-4) e Ribas (Ri-3) preferiron as formas con -ra- e alomorfos pero admitiron que se podía dicir *collesemos*. Esta admisión tamén a fixo a informante principal de Marbán (Ma-1), quen preferiu *colleramos* e contestou cunha variante con -se- cando respondeu *collese*.

Estes datos concordan co que acontece en Campobecerros. Neste lugar, hai unha maior conservación de formas con -se- e alomorfos na P1, P2, P3 e P6 (*salise, salises, salise, salisen, fose, foses, fose, fosen, viñese, viñeses, viñese, viñesen*, etc.). Estas variantes con -se- e alomorfos son, para a informante principal de Campobecerros (Ca-1), tan usadas comas as que teñen -ra- e alomorfos; agora ben, eu observei que as variantes con -se- e alomorfos perden uso entre os falantes máis novos deste lugar. Algúns destes últimos poderían incluso non utilizalas.

A informante principal de Campobecerros (Ca-1) comunicoume que ela non usaba formas con *-se-* / *-[ɛ]se-* (*-[e]se*) para a P4 e a P5, senón que só utilizaba *fóramos* ou *foramos* e *forais* ou *forandes*. Isto lévame a concluír que as formas con *-se-* e alomorfos son pouco usuais para a P4 e a P5 incluso entre falantes vellos do concello investigado. Para comprobar isto, analicei os datos das outras enquisas e das gravacións e só atopei variantes de P4 e de P5 con *-se-* e alomorfos na enquisa do informante principal (VN-1) de Veiga de Nostre (*collesemos*) e na enquisa principal (Pi-1) de Piornedo (*fósemos*). Tamén admitiron que se dicía *collesemos* os informantes das enquisas complementarias de Gondulfes (Go-4), Ribas (Ri-3) e Marbán (Ma-1).

2.2.3 O sufixo de número e persoa

As marcas máis usuais de número e persoa (SNP) da fala do concello de Castrelo do Val paso a comentalas a continuación. A primeira persoa de singular (P1) e a terceira persoa de singular (P3) tenden a non ter unha marca especial (ø), a segunda persoa de singular (P2) márcase con *-s*, a primeira persoa de plural (P4) márcase con *-mos*. Na cadea falada antes do pronome enclítico *nos* a P4 pode marcarse con *-mo* (*amámonos*). A segunda persoa de plural (P5) indícase, fundamentalmente, con *-is* (*am-a-is*, *varr-e-is*) e *-ndes* (*am-a-ndes*, *varr-e-ndes*, *part-i-ndes*) e, con menor frecuencia, co alomorfo *-des* (*am-a-des*, *varr-e-des*, *part-i-des*). Ademais pode acontecer que aínda haxa algún vello que use para a P5 o alomorfo *-ides* na C I (*amaides*) e na C II (*varreides*). Na forma *partís*, o *-í-* é o resultado da crase dun *i* temático e dun *i* formante da flexión. Esta evolución pode dicirse que transformou *-s* en marca de P5 (*cf. part-í-ø-s* e *part-i-ø-mos*). Esta análise tamén a propuxo Alcoba Rueda (1979) para o castelán.

Na fala do concello de Castrelo do Val, dominan na P5 as variantes *-is* e *-ndes*. Isto é, por exemplo, o que me dixo a informante principal de Piornedo (Pi-1); agora ben, tanto ela coma a informante da enquisa complementaria deste lugar responderon como formas exclusivas *indes*, *pondes*, *tendes* e *vindes*. Dende o meu punto de vista, o máis adecuado sobre a P5 comunicoumo a informante principal de Campobecerros (Ca-1). Para ela as variantes predominantes son *-is* / *-s* (*cantais*, *faceis*, *dicís* / *decís*) e *-ndes* (*cantandes*, *facendes*, *dicindes* / *decindes*), a variante *-des* aínda a din algúns (*cantades*, *facedes*, *dicides* / *decides*) e a variante *-ides* utilizábana os vellos de antes (*cantaides*). Esta última variante só lla atestei ó pai da informante principal de Campobecerros nunha gravación que non forma parte desta investigación. O exemplo que rexistrei foi *teides*. Sobre a P5 véxase Alonso Núñez (2016).

É posible que haxa preferencias individuais pola terminación *-is* ou pola terminación *-ndes* pero, cando estaba entrevistando ós diferentes informantes, sempre tiven a impresión de que estes podían optar por unha forma (*-is*) ou por outra (*-ndes*). Así a todo, predomina moito *-ndes* para as formas dos verbos *ir*, *pór*, *ter* e *vir* (*indes*, *pondes*, *tendes* e *vindes*). De tódolos xeitos, para a P5 destes verbos recollín nas enquisas ou nas gravacións outras variantes en Veiga de Nostre (*sodes*) e en Pepín (*vides*). En Campobecerros, a informante principal (Ca-1) comunicoume que antes tamén se empregaban nese lugar *ides*, *podes*, *tedes* e *vides*. Na gravación de Campobecerros que non forma parte da miña investigación, o pai da informante principal de Campobecerros usou *sodes*.

A terminación *-des* atesteina no municipio de Castrelo do Val noutros verbos diferentes de *ir*, *pór*, *ter* e *vir*. Así, recollín *traedes*, *salides* e *vedes* en Veiga de Nostre; *facedes* en Vilar; *faghedes* en Fontefría e *decides* e *vades* en Pepín. Algúns informantes negan que eles usen terminacións en *-des*. Isto fíxoo, por exemplo, a informante principal de San Paio (SP-1), a quen non lle detectei variantes deste tipo nin na enquisa nin na gravación.

A terceira persoa de plural (P6) ten como marca principal *-n*. No infinitivo conxugado e no futuro de subxuntivo asúmese na lingüística galega que o alomorfo de P6 é *-en*. Outra posibilidade de análise, xa explicada, consiste en supor que *-e-* forma parte do SMT do futuro de subxuntivo (*-r-* e *-re-*, e *-[ɛ]r-* e *-[ɛ]re-*) e do infinitivo conxugado (*-r-* e *-re-*). En relación con este último, cabe lembrar que o infinitivo pode presentar na fala investigada e, en xeral, no galego un *-e* chamado paragóxico (*cantare*, *varrere*, *partire*). Tendo en conta isto último, seméllame mellor analizar *cantaren* como *cant-a-re-n* ca como *cant-a-r-en*. A análise proposta por min ten a vantaxe de que non aumenta o número de alomorfos da terceira persoa de plural. Ademais postular *-re* como marca de infinitivo supón basearse nunha realidade da lingua que moi posiblemente foi a causante de que se xerasen as formas do tipo *cantaren*.

A tradición gramatical galega (Álvarez, Monteagudo e Regueira 1986: 303–357; Álvarez e Xove 2002: 241–261; e Santamarina 1974) considera *-es* como marca de segunda persoa de singular do infinitivo conxugado (*cant-a-r-es*) e do futuro de subxuntivo (*cant-a-r-es*). O que acabo de explicar no anterior parágrafo vale para hipotetiza-la análise da forma de infinitivo conxugado como *cant-a-re-s*, análise que tamén se pode postular para o futuro de subxuntivo dos verbos regulares e dalgún irregular como *dar* (*d[ɛ]-ø-re-s*). A maioría dos verbos anómalos teñen como marcas de futuro de subxuntivo *-[ɛ]r-* e *-[ɛ]re-*.

A pesar de que a tradición gramatical galega considera -*o* como índice de P1 en variantes do tipo *canto*, *varro* e *parto*, xa argumentei (2.2.2) que o elemento -*o* amalgama o significado de SMT ('presente de indicativo') e de SNP ('primeira persoa de singular'). As formas da fala investigada do tipo *varrio* e *partio* penso que se deben analizar como formadas por unha desinencia que amalgama os valores de SMT, de SNP e de clase conxugacional ('non C I').

Acéptase na lingüística galega que -*i* marca o significado 'primeira persoa de singular' no futuro de indicativo. Como xa dixen antes (2.2.2), prefiro analizar -*rei* como morfema que amalgama os valores de modo e tempo ('futuro de indicativo') e de número e persoa ('primeira persoa de singular'). No galego oriental e, residualmente, no concello de Castrelo do Val, existen formas do tipo *cantarein*. A análise que aglutina en -*rein* o SMT e o SNP é a preferida por min por razóns que xa dei en 2.2.2 e sobre as que volverei en 2.2.3.1.

Outro alomorfo para a P1 é -*n*. Como exemplo disto cítase *son*. Obsérvese que *son* se opón a *fun* por ter unha raíz diferente (*so-* vs. *fu-*). A desinencia de ambas a dúas formas é idéntica e significa 'primeira persoa de singular'. Por outra parte, *son* pode usarse para a primeira persoa de singular de presente de indicativo ou para a terceira persoa plural de presente de indicativo. É o contexto o que desambigua de qué variante se trata.

O imperativo é un modo diferente do indicativo e do subxuntivo. O imperativo carece de marca na P2 (*am-a-ø-ø*, *varr-e-ø-ø*, *part-e-ø-ø*). Outra análise aceptable consiste en propor que a vogal final indica 'clase conxugacional + imperativo + P2'. Hai verbos irregulares que expresan o contido 'segunda persoa de singular do imperativo' cunha raíz especial (*di*, *dá*, *pon*, *ve*, etc.) en que ademais se amalgaman os valores que acabo de citar.

O significado 'segunda persoa de plural do imperativo' aparece amalgamado nos alomorfos -*i* (*am-a-i*, *varr-e-i*), -*nde* (*am-a-nde*, *varr-e-nde*, *part-i-nde*) e -*de* (*am-a-de*, *varr-e-de*, *part-i-de*). Este último é un elemento residual que usaban máis os vellos de antes, segundo información que me proporcionou a informante principal de Campobecerros (Ca-1). Así a todo, recollina en Portocamba (*facede*). Os outros dous teñen unha frecuencia parecida na fala do concello de Castrelo do Val. Os falantes, ó seren enquisados sobre isto, responden que se di das dúas maneiras e incluso usan coordinadas as dúas variantes. Así, por exemplo, unha informante de Vilar dixo *lende e escribí*. Os verbos da C III amalgaman nun único -*i* o contido 'vogal temática e segunda persoa de plural de imperativo' ou, se se prefire, o valor 'segunda persoa de plural de imperativo + C III'. Segmento *escrib-í* porque, unha vez eliminada a raíz (*escrib-*), o -*í* final indica inequivocamente 'C III' (cf. *am-a-i* e *varr-e-i*) e 'P5 de imperativo' (cf. *escrib-í-s*). O -*i-* de *escribís* fusionou a vogal temática e parte da marca de P5.

Para o significado 'segunda persoa plural de imperativo' pode haber no concello de Castrelo do Val algún falante que conserve o alomorfo -ide (am-a-ide, varr-e-ide). Formas deste tipo escoitéillelas a falantes de Campobecerros, que xa morreron. Segundo a informante principal de Campobecerros (Ca-1) e outros informantes deste lugar, os vellos de antes utilizaban variantes deste tipo. Na epígrafe 2.4.19, trátanse con detalle as diferentes formas e as evolucións da P5 do imperativo do verbo ser.

Antes de pasar ós paradigmas dos verbos regulares analizados morfoloxicamente (2.2.4), analizo as marcas de pretérito de indicativo (2.2.3.1).

2.2.3.1 As marcas de pretérito de indicativo

O pretérito de indicativo caracterízase por ter unhas desinencias especiais. Os verbos irregulares propios ou anómalos acostuman ter desinencias especiais e raíces especiais no pretérito de indicativo (so-nches vs. fo-stes).

O elemento -ei (am-ei) indica 'pretérito de indicativo + primeira persoa de singular + C I'. Na C II e na C III, a terminación -in indica 'pretérito de indicativo + primeira persoa de singular + non C I (= C II ou C III'). Prefiro non analizar -i- como vogal temática porque as variantes dialectais varrí e partí esixen considerar -i como marca de 'pretérito de indicativo + primeira persoa de singular + non C I'. Ademais, ó ser [i] unha vogal tónica non é posible consideralo nunha análise fonolóxica sincrónica unha realización fonética do fonema /e/, característico da segunda conxugación. A variante estuve escoiteilla a unha falante de Pepín para o valor 'primeira persoa de singular do pretérito de indicativo do verbo estar'. A continuación achego algunhas análises que favorecen a miña segmentación.

En latín, a terminación -ī non era vogal temática. Nunha palabra como AM-A-V-I, AM- é a raíz, -A- é a vogal temática, -v- indica 'aspecto perfectivo' e -I é unha desinencia especial de 'P1 e pretérito de indicativo'. Hernández Alonso (2000) coida que o -i das formas castelás do tipo temí e partí é un morfo *portmanteau*. Fernández Rei (1990: 634) asevera que o -i- de collín e partín é unha vogal temática cun valor secundario de modo e tempo.

Por coherencia coa análise proposta para a P1, tamén prefiro analizar en varriche(s) e partiche(s) unha terminación -iche(s) que aglutina varios valores ('pretérito de indicativo + segunda persoa de singular + non C I').

Outra análise de varriche(s) e partiche(s) que me parece defendible, aínda que non tan boa, consiste en postular que os segmentos -che (amache, varriche, partiche) e -ches (amaches, varriches, partiches) signifcan 'pretérito de indicativo

+ segunda persoa de singular'. En *amache(s)*, *-a-* indica 'C I' e, en *varriche(s)* e *partiche(s)*, *-i-* marca 'non C I'.

En relación coa P2 do pretérito de indicativo, cabe dicir que, na fala do concello de Castrelo do Val, predomina a terminación -(vogal)*ches* (*cant-aches*, *varr-iches*, *de-ches*). O predominio ou exclusividade de -(vogal)*ches* recollino nas enquisas principais de Castrelo do Val (*cantaches, colliches, dixeches*), Veiga de Nostre (*cantaches, colliches, fixeches*), Nocedo do Val (*cantaches, colliches, fixeches*), Ribas (*comiches, deches, oíches*), Servoi (*cantaches, colliches, dixeches, traballaches*), San Paio (*cantaches, colliches*), Marbán (*cantaches, colliches*), Piornedo (*viñeches, colliches*), Monteveloso (*fuches, soupeches*), Gondulfes (*colliches, dixeches*), Fontefría (*cantaches, colliches*), Sanguñedo (*cantaches, colliches*) e Vilar (*colliches, fuches*). Entre estes informantes principais houbo algúns que usaron variantes rematadas en -(vogal)*che*. É o caso da informante principal de Ribas (Ri-1), quen usou *fuche*, da informante principal de Marbán (Ma-1), quen dixo *colliche* e do informante principal de Sanguñedo (Sa-1), quen utilizou *viñeche*.

Nas enquisas principais de Campobecerros (*fuche, comiche, cantache*) e de Portocamba (*colliche, dixeche, soupeche, viñeche*) domina a terminación -(vogal)*che*. Nestes dous lugares tamén se poden escoitar formas coa terminación -(vogal)*ches*, especialmente en formas con algúns pronomes átonos do tipo *soupéchelo*; agora ben, as formas do tipo *soupéchelo* non son obrigatorias como ben demostra o exemplo *soupéchea* que deu como resposta o informante principal de Portocamba (Po-1).

Por outra parte, nunha gravación do pai da informante principal de Campobecerros, a cal non forma parte da miña investigación, as variantes únicas que usa este informante son con -(vogal)*che* (*oíche, fieche, entendiche,* **comícheme** e **laváchome**). Eu, que son fillo da informante principal de Campobecerros, prefiro as formas con -(vogal)*che* e algunhas veces uso as variantes con -(vogal)*ches*, especialmente cando van seguidas por algúns pronomes átonos (*comíchela*).

O informante principal de Pepín (Pe-1) deu como respostas *colliche, dixeche* e *collíchelas*[21]. Nas gravacións deste lugar, tamén hai alternancia: *fuche, anotache, comiches, víchela*.

Nos lugares do concello en que deron como resposta predominante ou exclusiva formas con -(vogal)*ches* tamén atestei nas gravacións ou nas enquisas complementarias algúns casos de terminación -(vogal)*che*. Os exemplos concretos

---

21   Esta resposta presupón *colliches*.

son os seguintes: *deixache* (Castrelo do Val), *viñeche* (Ribas), *acabache*[22] (Servoi), *fuche* (Piornedo), *cobrache* (Piornedo), *viñeche*[23] (Gondulfes), *soupeche* (Fontefría), *tuveche* (Sanguñedo), **casáchete** (Sanguñedo) e *viñeche* (Vilar). Resulta curioso que a forma con -(vogal)*che* de Vilar a dea o falante máis novo dos entrevistados. Este informante naceu en 1959 e é fillo dun dos informantes que gravei (Vi-3). As formas con -(vogal)*che* tamén as usan falantes de Veiga de Nostre. Por outra parte, aínda que non atestei estas variantes en Monteveloso, en San Paio e en Nocedo do Val é moi probable que as haxa.

O explicado sobre a P2 pode verse sucintamente no seguinte cadro. O signo + significa que unha forma predomina e o signo (+) indica que unha forma non predomina. En Pepín optei por non darlle preferencia a ningunha das dúas variantes.

Cadro 3: Terminacións de P2 de pretérito de indicativo.

Lugar	-(vogal)che	-(vogal)ches
Portocamba	+	(+)
Campobecerros	+	(+)
Sanguñedo	(+)	+
Veiga de Nostre	(+)	+
Fontefría	(+)	+
Vilar	(+)	+
Servoi	(+)	+
San Paio		+
Piornedo	(+)	+
Monteveloso		+
Pepín	+	+
Ribas	(+)	+
Gondulfes	(+)	+
Marbán	(+)	+
Nocedo do Val		+
Castrelo do Val	(+)	+

---

22   Esta variante pronunciouna así a informante principal de Servoi, quen preferiu formas rematadas en -(vogal)*ches* na enquisa.
23   A informante deu como resposta *viñeche* e *viñeches*.

O elemento -*ou* significa 'pretérito de indicativo + terceira persoa de singular + C I'. Nas variantes *varreu* e *partiu*, é posible illar unha vogal temática para a C II (-*e*-) e unha vogal temática para a C III (-*i*-). A desinencia -*u* destes elementos aglutina os valores de modo e tempo ('pretérito de indicativo') e de número e persoa ('terceira persoa de singular').

Nos verbos regulares, non hai diferenza entre as variantes de P4 do presente de indicativo e as variantes de P4 do pretérito de indicativo. Ambas a dúas teñen a desinencia -*mos*. Nos verbos irregulares, a diferenza márcase con raíces especiais (*so-mos* vs. *fo-mos*).

O elemento -*stes* (*amastes, varrestes, partistes*) significa 'pretérito de indicativo + segunda persoa de plural'. O segmento -*ron* aglutina os valores 'pretérito de indicativo + terceira persoa de plural'.

Álvarez, Monteagudo e Regueira (1986: 317) e Fernández Rei (1990: 636) sosteñen que -*ron* tamén se podería analizar do seguinte xeito: -*ro*- como marca de SMT e -*n* como SNP. Eu non vou asumir esta análise; no entanto, quero apuntar que hai unha tendencia no galego que puido callar en diferencia-lo SMT do SNP. Así, se miramos tódalas variedades dialectais do galego, atopamos formas do tipo *cantein, cantaches, cantastedes* e *cantaron* en que semella que se podería analizar un SMT diferenciado do SNP. O problema para esta análise radica en que, unha vez separados os supostos SNP -*n*, -*s*, -*des* e -*n*, os elementos que quedan non son idénticos (-*ei*, -*che*, -*ste*, -*ro*), senón diferentes. Esta diferenza é un serio argumento en contra da súa análise como marcador do contido 'pretérito de indicativo' porque asumín que o morfema era un signo mínimo cun significante identificable para indicar un mesmo significado en máis dun caso ou contexto. En realidade, -*ei*- marca o 'pretérito de indicativo' pero só da 'primeira persoa de singular', -*che*- denota o 'pretérito de indicativo' pero só da 'segunda persoa de singular', -*ste*- marca o 'pretérito de indicativo' pero só da 'segunda persoa de plural' e -*ro*- denota o 'pretérito de indicativo' pero só da 'terceira persoa de plural'. Así pois, as análises propostas por min son *cant-ein, cant-a-ches, cant-a-stedes* e *cant-a-ron*.

Na fala do concello de Castrelo do Val, nunca oín formas do tipo *cantastedes* ou *cantasteis*. Estas variantes tampouco saen nas enquisas nin nas gravacións. En cambio, Taboada (1979b: 136) di que existen elementos con -*stedes* no val de Verín sen precisa-las aldeas en convivencia coas formas maioritarias que rematan en -*stes*. Entre os lugares que el estuda figuran tres do concello de Castrelo do Val (Nocedo do Val, Pepín e Castrelo do Val).

As explicacións que acabo de dar para *cantein* válenme para xustifica-la preferencia pola análise de *cantarein* como *cant-a-rein* con aglutinación en -*rein* dos contidos de modo e tempo (SMT) e dos contidos de número e persoa (SNP).

Na fala do concello de Castrelo do Val, existe a terminación -*ein* para a P1 do pretérito de indicativo (*beilein, chamein, cantein, dein*, etc.). O informante principal de Veiga de Nostre (VN-1) respondeume exclusivamente con formas con esta terminación; agora ben, os outros informantes deste lugar non lles atestei variantes con ela, senón con -*ei* (*deiche, atei, dei, botei, traballei,* etc.). O informante principal de Veiga de Nostre tamén usou formas do tipo *cantarein* para a P1 do futuro de indicativo.

O informante principal de Sanguñedo (Sa-1) tamén utilizou para a P1 do pretérito de indicativo formas rematadas en -*ein* alternando con formas rematadas en -*ei* tanto na enquisa (*cantein, dein,* **deinche** *unha verza, sei*) coma na gravación (*quedein, marchein, emighrein,* **encontreime**). A este informante só lle rexistrei formas do tipo *terei*, pero é posible que tamén teña variantes con nasalidade na P1 do futuro de indicativo.

Nunha gravación de Campobecerros que non forma parte da miña investigación o pai da informante principal dese lugar empregou *invitein*. Nun primeiro momento, pensei que estes tres falantes usaban variantes do tipo *cantein*, porque tiñan familia directa do bloque oriental (caso dos falantes de Veiga de Nostre e Sanguñedo) ou porque viviran no bloque oriental de pequenos (caso dos falantes de Veiga de Nostre e Campobecerros). Pero despois convencinme de que se trataba da conservación dunha pronuncia que debeu estar na orixe do alomorfo pronominal -*no* (*inviteinlo* > *inviteinno* > *inviteino*). A esta conclusión levoume o feito de que outros falantes do concello de Castrelo do Val, pouco contaminados polo castelán e non relacionados co bloque oriental, pronunciaron esporadicamente variantes con -*ein*. Estas variantes atestéillelas a unha informante que gravei en Vilar (*entrein*) e a un informante que gravei en Piornedo (**levein** *o sacho e cortei,* **cortein**, *despertei, laveime,* **saludein**). A nasalidade final destas formas é por veces moi tenue. Percibina especialmente tenue nalgunhas pronuncias do falante de Piornedo (Pi-2).

Termino facendo unha recapitulación e citando as desinencias especiais do pretérito de indicativo dos verbos regulares e dos anómalos. As desinencias da P1 do pretérito de indicativo son: -*ei* / -*ein*[24] para a C I, -*in* para a C II e a C III, -*n* (*vi-n*) e -[*e*]*n* / -[*e*] (*estuv-en* / *estuv-e*[25]); as desinencias da P2 do pretérito de indicativo son: -*che(s)* para a C I, -*iche(s)* para a C II e a C III, -*che(s)* (*vi-che(s)*) e -[ɛ]*che(s)* (*estuv-*[ɛ]*che(s)*); as desinencias da P3 do pretérito de indicativo son: -*ou*[26] para a C I, -*u* para a C II, C III e para algúns verbos irregulares (*vi-u*)

---

24 É unha variante residual.
25 Esta forma só lla oín a unha falante de Pepín.
26 Esta terminación amalgama os contidos 'C I + pretérito de indicativo + P3'.

e -o (*estuv-o*); as desinencias da P4 do pretérito de indicativo son: -*mos* para a C I, C II, C III e para algúns verbos irregulares (*vi-mos*) e -[ɛ]*mos* (*estuv-*[ɛ]*mos*); as desinencias da P5 do pretérito de indicativo son: -*stes* para a C I, C II, C III e para algúns verbos irregulares (*vi-stes*) e -[ɛ]*stes* (*estuv-*[ɛ]*stes*); e as desinencias da P6 do pretérito de indicativo son: -*ron* para a C I, C II, C III e para algúns verbos irregulares (*vi-ron*) e -[ɛ]*ron* (*estuv-*[ɛ]*ron*).

2.2.4 Paradigmas dos verbos regulares analizados morfoloxicamente

Na fala do concello de Castrelo do Val, hai verbos da C III que non teñen o alomorfo -*io* na P1 do presente de indicativo nin o alomorfo -*ia* no presente de subxuntivo. Estes verbos poderían constituí-la subclase C IIIb fronte á subclase C IIIa que si admitiría estas terminacións. Como exemplo da clase C IIIb podo citar o verbo *vivir* (*vivo, viva, vivas*).

É posible que exista algún verbo da C II que non admita as terminacións -*io* e -*ia* e que sexa regular; no entanto, eu non atopei ningún. Candidatos a esta subclase C IIb poderían se-los verbos *deber* e *devecer*. O primeiro é considerado como verbo sen alternancia vocálica en Álvarez e Xove (2002: 247) e o segundo en Santamarina (1974: 31). Agora ben, os verbos *deber* e *devecer* presentan alternancias vocálicas na fala do concello de Castrelo do Val (*d*[e]*bo* vs. *d*[ɛ]*bes* e *dev*[e]*zo* vs. *dev*[ɛ]*ces*). Por outra parte, os verbos como *ler* e *crer* son anómalos ou irregulares propios, xa que non teñen vogal temática (*le-ø-ø-s* e *cre-ø-ø-s*). Os castelanismos *creer* e *leer* son bos exemplos da clase C IIb, xa que non se conxugan cos alomorfos -*io* (*le-o, cre-o*) e -*ia* (*le-a-ø-s, cre-a-ø-s*) e manteñen a vogal medio pechada na vogal radical.

A continuación presento os paradigmas dos verbos regulares (C I, C II e C III) na fala do concello de Castrelo do Val. As diferentes variantes aparecen analizadas morfoloxicamente seguindo as xustificacións que dei nas epígrafes anteriores. Só inclúo análises alternativas cando me parece ineludible facelo. Nestas análises non inclúo as formas de P5 do tipo *cantaides*. Ademais as formas de P5 do tipo *cantades* colócoas entre paréteses para indicar que son pouco usadas.

Cadro 4: Paradigmas regulares analizados morfoloxicamente.

C I cantar	C II varrer	C III partir
Presente de indicativo	**Presente de indicativo**	**Presente de indicativo**
Cant-o (ou cant-ø-o[27])	Varr-io / varr-ø-o	Part-io / part-ø-o
Cant-a-ø-s	Varr-e-ø-s	Part-e-ø-s
Cant-a-ø-ø	Varr-e-ø-ø	Part-e-ø-ø
Cant-a-ø-mos	Varr-e-ø-mos	Part-i-ø-mos
Cant-a-ø-is / cant-a-φ-ndes / (cant-a-ø-des)	Varr-e-ø-is / varr-e-ø-ndes / (varr-e-ø-des)	Part-í-ø-s / part-i-ø-ndes / (par-i-ø-des)
Cant-a-ø-n	Varr-e-ø-n	Part-e-ø-n
Presente de subxuntivo	**Presente de subxuntivo**	**Presente de subxuntivo**
Cant-ø-e-ø	Varr-ø-ia-ø / varr-ø-a-ø	Part-ø-ia-ø / part-ø-a-ø
Cant-ø-e-s	Varr-ø-ia-s / varr-ø-a-s	Part-ø-ia-s / part-ø-a-s
Cant-ø-e-ø	Varr-ø-ia-ø / varr-ø-a-ø	Part-ø-ia-φ / part-ø-a-φ
Cant-ø-e-mos	Varr-ø-ia-mos / varr-ø-a-mos	Part-ø-ia-mos / part-ø-a-mos
Cant-ø-e-is / cant-ø-e-ndes / (cant-ø-e-des)	Varr-ø-ia-is / varr-ø-ia-ndes / (varr-ø-ia-des) ou varr-ø-a-is / varr-ø-a-ndes / (varr-ø-a-des)	Part-ø-ia-is / part-ø-ia-ndes / (part-ø-ia-des) ou part-ø-a-is / part-ø-a-ndes / (part-ø-a-des)
Cant-ø-e-n	Varr-ø-ia-n / varr-ø-a-n	Part-ø-ia-n / part-ø-a-n
Copretérito de indicativo	**Copretérito de indicativo**	**Copretérito de indicativo**
Cant-a-ba-φ	Varr-ø-ía-φ	Part-ø-ía-ø
Cant-a-ba-s	Varr-ø-ía-s	Part-ø-ía-s
Cant-a-ba-φ	Varr-ø-ía-φ	Part-ø-ía-ø
Cant-a-ba-mos (ou cant-á-ba-mos)	Varr-ø-ia-mos (ou varr-ø-ía-mos)	Part-ø-ia-mos (ou part-ø-ía-mos)
Cant-a-ba-is / cant-a-ba-ndes / (cant-a-ba-des) (ou cant-á-ba-is / cant-á-ba-ndes / cant-á-ba-des)	Varr-ø-ia-is / varr-ø-ia-ndes / (varr-ø-ia-des) (ou varr-ø-ía-is / varr-ø-ía-ndes / varr-ø-ía-des)	Part-ø-ia-is / part-ø-ia-ndes / (part-ø-ia-des) (ou part-ø-ía-is / part-ø-ía-ndes / part-ø-ía-des)
Cant-a-ba-n	Varr-ø-ía-n	Part-ø-ía-n

---

[27] Esta análise debe facerse cando na C II e na C III non exista *-io*. En *canto*, *varro* e *parto*, o *-o* non indica clase conxugacional.

Cadro 4: Fortsetzung

C I cantar	C II varrer	C III partir
Futuro de indicativo	**Futuro de indicativo**	**Futuro de indicativo**
Cant-a-rei (ou cant-a-re-i) / (cant-a-rein) - (cant-a-re-in)	Varr-e-rei (ou varr-e-re-i) / (varr-e-rein) - (varr-e-re-in)	Part-i-rei (ou part-i-re-i) / (part-i-rein) - (part-i-re-in)
Cant-a-rá-s	Varr-e-rá-s	Part-i-rá-s
Cant-a-rá-ø	Varr-e-rá-ɸ	Part-i-rá-ø
Cant-a-re-mos	Varr-e-re-mos	Part-i-re-mos
Cant-a-re-is / cant-a-re-ndes / (cant-a-re-des)	Varr-e-re-is / varr-e-re-ndes / (varr-e-re-des)	Part-i-re-is / part-i-re-ndes / (part-i-re-des)
Cant-a-rá-n	Varr-e-rá-n	Part-i-rá-n
Pospretérito de indicativo	**Pospretérito de indicativo**	**Pospretérito de indicativo**
Cant-a-ría-ø	Varr-e-ría-ø	Part-i-ría-ø
Cant-a-ría-s	Varr-e-ría-s	Part-i-ría-s
Cant-a-ría-ø	Varr-e-ría-ø	Part-i-ría-ø
Cant-a-ria-mos (cant-a-ría-mos)	Varr-e-ria-mos (varr-e-ría-mos)	Part-i-ria-mos (part-i-ría-mos)
Cant-a-ria-is / cant-a-ria-ndes / (cant-a-ria-des) (ou Cant-a-ría-is / cant-a-ría-ndes / cant-a-ría-des)	Varr-e-ria-is / varr-e-ria-ndes / (varr-e-ria-des) (ou varr-e-ría-is / varr-e-ría-ndes / varr-e-ría-des)	Part-i-ria-is / part-i-ria-ndes / (part-i-ria-des) (ou part-i-ría-is / part-i-ría-ndes / part-i-ría-des)
Cant-a-ría-n	Varr-e-ría-n	Part-i-ría-n
Pretérito de indicativo	**Pretérito de indicativo**	**Pretérito de indicativo**
Cant-ei (cant-ein)	Varr-ín	Part-ín
Cant-a- ches / cant-a-che	Varr-iches / varr-iche	Part-iches / part-iche
Cant-ou	Varr-e-u	Part-i-u
Cant-a-mos	Varr-e-mos	Part-i-mos
Cant-a-stes	Varr-e-stes	Part-i-stes
Cant-a-ron	Varr-e-ron	Part-i-ron
Antepretérito de indicativo	**Antepretérito de indicativo**	**Antepretérito de indicativo**
Cant-a-ra-ø	Varr-e-ra-ø	Part-i-ra-ø
Cant-a-ra-s	Varr-e-ra-s	Part-i-ra-s
Cant-a-ra-ø	Varr-e-ra-ø	Part-i-ra-ø
Cant-a-ra-mos (cant-á-ra-mos)	Varr-e-ra-mos (Varr-é-ra-mos)	Part-i-ra-mos (part-í-ra-mos)
Cant-a-ra-is / cant-a-ra-ndes / (cant-a-ra-des) (ou cant-á-ra-is / cant-á-ra-ndes / cant-á-ra-des)	Varr-e-ra-is / Varr-e-ra-ndes / (Varr-e-ra-des) (ou varr-é-ra-is / varr-é-ra-ndes / varr-é-ra-des)	Part-i-ra-is / part-i-ra-ndes / (part-i-ra-des) (ou part-í-ra-is / part-í-ra-ndes / part-í-ra-des)
Cant-a-ra-n	Varr-e-ra-n	Part-i-ra-n

(fortgeführt)

Cadro 4: Fortsetzung

C I cantar	C II varrer	C III partir
Pretérito de subxuntivo	**Pretérito de subxuntivo**	**Pretérito de subxuntivo**
Cant-a-se-ø	Varr-e-se-ø	Part-i-se-ø
Cant-a-se-s	Varr-e-se-s	Part-i-se-s
Cant-a-se-ø	Varr-e-se-ø	Part-i-se-ø
Cant-a-se-mos (cant-á-se-mos)	Varr-e-se-mos (varr-é-se-mos)	Part-i-se-mos (part-í-se-mos)
Cant-a-se-is / cant-a-se-ndes / (cant-a-se-des) (ou cant-á-se-is / cant-á-se-ndes / cant-á-se-des)	Varr-e-se-is / varr-e-se-ndes / (varr-e-se-des) (ou varr-é-se-is / varr-é-se-ndes / varr-é-se-des)	Part-i-se-is / part-i-se-ndes / (part-i-se-des) (ou part-í-se-is / part-í-se-ndes / part-í-se-des)
Cant-a-se-n	Varr-e-se-n	Part-i-se-n
ou	ou	ou
Cant-a-ra-ø	Varr-e-ra-ø	Part-i-ra-ø
Cant-a-ra-s	Varr-e-ra-s	Part-i-ra-s
Cant-a-ra-ø	Varr-e-ra-ø	Part-i-ra-ø
Cant-a-ra-mos (cant-á-ra-mos)	Varr-e-ra-mos (varr-é-ra-mos)	Part-i-ra-mos (part-í-ra-mos)
Cant-a-ra-is / cant-a-ra-ndes / (cant-a-ra-des) (ou cant-á-ra-is / cant-á-ra-ndes / cant-á-ra-des)	Varr-e-ra-is / Varr-e-ra-ndes / (Varr-e-ra-des) (ou varr-é-ra-is / varr-é-ra-ndes / varr-é-ra-des)	Part-i-ra-is / part-i-ra-ndes / (part-i-ra-des) (ou part-í-ra-is / part-í-ra-ndes / part-í-ra-des)
Cant-a-ra-n	Varr-e-ra-n	Part-i-ra-n
Imperativo	**Imperativo**	**Imperativo**
Cant-a (ou cant-a-ø-ø)	Varr-e (ou varr-e-ø-ø)	Part-e (ou part-e-ø-ø)
Cant-a-i / cant-a-nde / (cant-a-de)	Varr-e-i / varr-e-nde / (varr-e-de)	Part-í / part-i-nde / (part-i-de)
Infinitivo	**Infinitivo**	**Infinitivo**
Cant-a-r	Varr-e-r	Part-i-r
Infinitivo conxugado	**Infinitivo conxugado**	**Infinitivo conxugado**
Cant-a-r-ø	Varr-e-r-ø	Part-i-r-ø
Cant-a-re-s (ou cant-a-r-es)	Varr-e-re-s (ou varr-e-r-es)	Part-i-re-s (ou part-i-r-es)
Cant-a-r-ø	Varr-e-r-ø	Part-i-r-ø
Cant-a-r-mos	Varr-e-r-mos	Part-i-r-mos
Cant-a-r-des	Varr-e-r-des	Part-i-r-des
Cant-a-re-n (ou cant-a-r-en)	Varr-e-re-n (ou varr-e-r-en)	Part-i-re-n (ou part-i-r-en)
Participio	**Participio**	**Participio**
Cant-a-d-o	Varr-i-d-o	Part-i-d-o
Xerundio	**Xerundio**	**Xerundio**
Cant-a-ndo	Varr-e-ndo	Part-i-ndo

2.3 Verbos de irregularidade común

Chámolle *verbos de irregularidade común* a aqueles que só son relativamente irregulares e presentan unha especificidade común a bastantes verbos. Fronte a estes verbos os de irregularidade propia ou anómalos presentan irregularidades exclusivas deles e dalgúns derivados seus.

Tradicionalmente sostense que os verbos anómalos teñen irregularidades non só nas formas de presente (ou con tema de *infectum*), senón tamén nas formas de pretérito (ou con tema de *perfectum*). Ademais, engado eu que hai varios verbos anómalos tales como *ler*, *crer*, *pór* e *rir* que se caracterizan por non ter vogal temática. O verbo *oír* pode considerarse que ten vogal temática (*cf.* o-í-ø-mos con part-i-ø-mos). Algunhas formas de *oír* como *oies*, cunha raíz irregular *oi-*, obríganme a considerar a *oír* un verbo anómalo (*cf.* oi-ø-e-s con part-ø-e-s). A anomalía de *oír* tamén se observa nas variantes do tipo *oiga* e do tipo *ouvín*.

Para o galego normativo pódense considerar dous subtipos con irregularidade común: a) os verbos con alternancias vocálicas na raíz, que trato en 2.3.1, e b) os verbos rematados en *-aer* (*distraer*), *-oer* (*moer*), *-aír* (*saír*) e *-oír* (*desoír*).

Os verbos do tipo *moer* e *saír* son analizados no galego normativo cunha raíz distinta na P1 do presente de indicativo (*moi-*, *sai-*) e no presente de subxuntivo (*moi-ϕ-a-s*, *sai-ϕ-a-s*). Na fala do concello de Castrelo do Val, como xa expliquei antes (2.2.2, e 2.2.4), *-io-* e *-ia-* son alomorfos regulares da clase conxugacional C IIa e C IIIa. O que acontece é que os verbos do tipo *saír* non admiten nas formas citadas a eliminación de *i* (**sao*), eliminación que si se pode dar con verbos como *partir* (*partio* e *parto*). O verbo *moer* tende a conxugarse neste concello coas variantes *moio* e *moia*, pero tamén se usan residualmente *moo* e *moa*. Pode haber falantes no municipio que non admitan estas últimas formas. En relación con isto, quero lembrar que, no mapa 111 do ALGA I, en O22 Campobecerros só figura *moia*. O mesmo acontece en O25 Cualedro; agora ben, nos outros dous puntos da comarca verinesa (O29 Vilardevós e O30 Oímbra) rexistráronse *moia* e *moa*. Por outra parte, Taboada (1979b: 149) rexistrou no val de Verín *moo* / *moio* e *moa*.

A falta de alternancia do tipo *moio* / *moo* para algúns falantes do concello de Castrelo do Val[28] e a inexistencia de **sao* e **saa* para tódolos falantes deste municipio lévame a postular na conxugación verbal da fala estudada unha subclase C IIc para os verbos como *moer* e unha subclase C IIIc para os verbos do tipo *saír*. En caso de que non se admita a clase conxugacional C IIb (o

---

28 Hai falantes no concello de Castrelo do Val que poden usar *moo*.

castelanismo *creer*), entón os verbos do tipo *moer* constituirían a subclase C IIb (*moio* pero non **moo*) fronte á subclase C IIa (*varrio* e *varro*).

Por outra parte, os verbos *caír* e *saír* trataremos na sección dedicada ós verbos anómalos (2.4.3, e 2.4.18) porque presentan na fala investigada outras anomalías tales como *caiga* e *salga*. Ademais estes verbos eliminan a vogal temática nalgunhas formas verbais (*ca-ø-ø-n* e *sa-ø-ø-n*).

2.3.1 Verbos con alternancias vocálicas na raíz

Na C I son verbos regulares os que teñen vogal radical *a* (*cantar*), *i* (*pisar*) e *u* (*empuxar*). Tamén hai verbos regulares con vogal radical [ɛ] (*qu[ɛ]ntar*), [e] (*p[e]sar*), [ɔ] (*v[ɔ]tar*) e [o] (*b[o]tar*).

Na C II hai verbos regulares coa vogal radical *a* (*bater*) e coa vogal radical [ɛ] (*qu[ɛ]cer*). Como exemplo de verbo regular coa vogal temática [e], xa citei o castelanismo *creer*. Tamén xa dixen que o verbo *deber* presenta alternancias vocálicas (*d[e]bo* vs. *d[ɛ]bes*) na fala deste concello. En Álvarez e Xove (2002: 247) dáse *deber* como exemplo de verbo sen alternancias (*d[e]bo, d[e]bes, d[e]bemos*).

Na C III hai verbos regulares con vogais radicais *a* (*partir*), *i* (*vivir*) e *u* (*unir*). É destacable que na variedade do municipio de Castrelo do Val *vivir* e *unir* así como *decidir, fritir, prohibir, recibir, conducir, costruír, suplir*, etc., non se conxugan cos alomorfos *-io* da P1 do presente de indicativo e *-ia* do presente de subxuntivo (*vivo* e *vivas* pero non **vivio* e **vivias*).

A clase conxugacional C I ten verbos de irregularidade común[29] na vogal radical. Hai dúas subclases destes verbos. Unha delas presenta [ɛ] nas formas rizotónicas (acentuadas na raíz) do presente de indicativo (*l[ɛ]vo, l[ɛ]vas, l[ɛ]va, l[ɛ]van*) e [e] nas formas arrizotónicas (átonas na raíz) do presente de indicativo (*l[e]vamos, l[e]vandes* ou *l[e]vais*). Outros verbos con estas alternancias na fala do concello de Castrelo do Val son *alegrar, espertar, medrar*, etc.

A outra subclase caracterízase por ter [ɔ] nas formas rizotónicas do presente de indicativo (*ac[ɔ]rdo, ac[ɔ]rdas, ac[ɔ]rda, ac[ɔ]rdan*) e [o] nas formas arrizotónicas do presente de indicativo (*ac[o]rdamos, ac[o]rdandes* ou *ac[o]rdais*). Na fala deste concello, presentan estas alternancias os verbos *colgar, chocar, xogar*, etc. Agora ben, *tomar* non ten esta alternancia (*t[o]mo, t[o]mas, t[o]ma, t[o]mamos, t[o]mandes / t[o]mais, t[o]man*). *Tomar* dáse como exemplo de verbo con alternancias vocálicas en Álvarez e Xove (2002: 248). Estes autores sosteñen

---

29 O uso do concepto de *irregularidade común* implica unha gradación entre a regularidade e a irregularidade. Con esta terminoloxía móstrase a complexidade do obxecto de estudo.

que, no galego actual, hai verbos que son conxugados con alternancias vocálicas por uns falantes e sen alternancias vocálicas por outros falantes. En Campobecerros, o máis usual é pronunciar t[o]co, t[o]cas, t[o]ca, t[o]camos, t[o]candes / t[o]cais e t[o]can, pero hai falantes deste lugar que alternan esta pronuncia con outra con alternancias (t[ɔ]co, t[ɔ]cas, t[ɔ]ca, t[o]camos, t[o]candes / t[o]cais e t[ɔ]can). Na gravación de Gondulfes, rexistrei como forma de P3 t[ɔ]ca (t[ɔ]ca a campana). Tamén me parece interesante que lle oín a unha persoa de Piornedo af[o]rro e af[o]rras; en cambio, en Campobecerros sempre escoitei af[ɔ]rro e af[ɔ]rras.

Na C II hai dous subtipos de verbos con alternancias vocálicas na vogal radical do presente de indicativo. Como exemplo do primeiro subtipo vou usar beber. Este verbo ten como presente de indicativo: b[e]bo, b[ɛ]bes, b[ɛ]be, b[e]bemos, b[e]bendes / b[e]beis e b[ɛ]ben. Como exemplo do segundo subtipo vou empregar coller, que se conxuga no presente de indicativo da seguinte maneira: c[o]llo, c[ɔ]lles, c[ɔ]lle, c[o]llemos, c[o]llendes / c[o]lleis e c[ɔ]llen.

Ambos a dous subtipos presentan vogal pechada ([e] / [o]) nas formas arrizotónicas e na P1, e vogal aberta ([ɛ] / [ɔ]) nas formas de P2, P3 e P6. Este cambio é tan común para os verbos da C II que teñen [e] e [o] como vogal radical do infinitivo (e... er e o... er) que só atopei como exemplos de verbos sen alternancias vocálicas os castelanismos creer e leer na fala do concello investigado. Neste os verbos rematados en -cer tales como crecer (cr[e]zo, cr[ɛ]ces, cr[ɛ]ce, cr[e]cemos, cr[e]cendes / cr[e]ceis e cr[ɛ]cen) agradecer / aghadecer (agrad[e]zo / aghrad[e]zo, agrad[ɛ]ces / aghrad[ɛ]ces, agrad[ɛ]ce / aghrad[ɛ]ce, agrad[e]cemos / aghrad[e]cemos, agrad[e]cendes (aghrad[e]cendes) / agrad[e]ceis (aghrad[e]ceis) e agrad[ɛ]cen / aghrad[ɛ]cen) e merecer (mer[e]zo, mer[ɛ]ces, mer[ɛ]ce, mer[e]cemos, mer[e]cendes / mer[e]ceis e mer[ɛ]cen) acostuman ser verbos con alternancias. No entanto, rexistrei agrad[ɛ]zo e agrad[ɛ]ces en Ribas e no mapa 87 do ALGA I en O22 Campobecerros foi recollido agrad[e]ces. Noutras zonas dialectais do galego estes verbos non teñen alternancias (Álvarez e Xove 2002: 249). No mapa 87 de ALGA I, pode verse que as formas sen alternancia do tipo agrad[e]ces, predominan sobre as formas con alternancias do tipo (agrad[ɛ]ces).

A P2 do imperativo dos verbos do tipo beber e coller ten vogal pechada na vogal radical no galego tradicional do municipio de Castrelo do Val. A resposta que deron tódolos informantes principais deste concello, excepto a informante principal de Castrelo do Val (CV-1), foron bibe e culle. A informante principal de Castrelo do Val respondeu b[e]be e c[o]lle; no entanto, neste lugar tamén lles atestei estes imperativos con vogal radical pechada a outros informantes. En xeral, pode dicirse que moitos falantes do concello poden empregar formas sen vogal radical pechada de P2 do imperativo (b[e]be e c[o]lle) e, incluso, é posible que xa existan falantes novos que non usen os imperativos tradicionais (*bibe* e *culle*). Agora ben, de momento, a maioría das persoas do municipio de Castrelo do Val alternan variantes de P2 de imperativo con vogal radical pechada e sen ela.

Na C III hai tres subtipos de verbos con alternancias vocálicas na raíz do presente de indicativo.

Hai dous subtipos con vogal radical [e] no infinitivo (*e... ir*). Un deles presenta as seguintes alternancias: *pido, pides, pide, pedimos, pedindes / pedís, piden*. Coma este verbo conxúganse *advertir, despedir, espir*, etc. A vogal radical arrizotónica varía entre unha pronuncia [e] ou [i]. Tendo en conta isto é mellor postular que estamos ante un arquifonema, que se pode representar como /E/ ou doutra forma.

Como modelo do outro subtipo vou toma-lo verbo *servir*. Este presenta as seguintes alternancias no presente de indicativo: *s[i]rvo, s[ɛ]rves, s[ɛ]rve, s[e]rvimos, s[e]rvindes / s[e]rvís* e *s[ɛ]rven*. Este modelo está deixando de ser usado pola xente nova do concello estudado debido á forza analóxica do modelo anterior e, algunhas veces, ó influxo do castelán. Este idioma pode influír no verbo *seguir*, pero non parece que influa no verbo *mentir* (*cf*. galego m[ɛ]ntes e m[i]ntes con castelán *mientes*). A forza analóxica do primeiro modelo galego (*pedir*) inflúe incluso na fala dos falantes xenuínos do galego tradicional do concello de Castrelo do Val. Isto lévame a pensar que só a expansión do modelo normativo do galego (*s[i]rvo, s[ɛ]rves, s[ɛ]rve, s[e]rvimos, s[e]rvides* e *s[ɛ]rven*) pode frea-la desaparición do subtipo conxugacional con alternancias vocálicas na raíz do presente de indicativo.

Para investiga-los verbos que seguen o modelo conxugacional de *servir* tiven en conta os verbos deste tipo que figuran en Álvarez, Monteagudo e Regueira (1986: 308-309) e en *Normas* 1995 (126-128).

O que predomina na fala do municipio de Castrelo do Val son as formas sen alternancias vocálicas dos verbos *seguir, servir, mentir, sentir* e *ferir*. As respostas preferidas que recollín na enquisa complementaria de Piornedo (Pi-5) e nas enquisas principais dos demais lugares foron: *sigues / sighes, sirves, mintes, sintes* e *fires*. Algúns informantes manifestáronme que non usaban *ferir* nin *fires*. Isto foi o que me dixeron o informante principal de Sanguñedo (Sa-1), a informante principal de Vilar (Vi-1), a informante principal de Ribas (Ri-1), a informante principal de Gondulfes (Go-1) e o informante principal de Nocedo (No-1). Tampouco obtiven a resposta *fires* en Servoi (Se-1), San Paio (SP-1) e Piornedo (Pi-5). A informante principal de Castrelo do Val (CV-1) admitiu que usaba *feriuno*, pero afirmou que se dicía máis *mancouse*. O informante principal de Fontefría (Fo-1) comunicoume que non usaba *fires* e deu como resposta *feríchete*.

Algúns dos meus informantes principais recoñeceron que se usaba nos seus lugares *m[ɛ]ntes*, forma propia dos vellos de antes segundo eles. Esta información déronma a informante principal de Campobecerros (Ca-1), o informante principal de Portocamba (Po-1), o informante principal de Veiga de Nostre (VN-1), o informante principal de Monteveloso (MV-1), o informante principal de Pepín (Pe-1), o informante principal de Ribas (Ri-1) e a informante principal de Marbán (Ma-1). Esta última tamén me informou de que as vellas de antes usaban en Marbán non só *m[ɛ]ntes*, senón tamén *s[ɛ]gues* e *s[ɛ]rves*.

Á luz destes datos, pódese concluír que as variantes con alternancias vocálicas deste tipo de verbos non pasan de ser formas residuais que están en camiño de desaparecer. En relación con isto, cabe dicir que nas gravacións non atestei variantes destes verbos con alternancia. Rexistrei variantes sen alternancia de *servir* (*sirve*, *sirven*) en Sanguñedo, Pepín, Ribas, Castrelo do Val e Servoi. Neste último lugar tamén lle rexistrei á mesma informante que usou *sirve sighe*[30].

Como modelo do terceiro subtipo da C III con alternancias na vogal radical vou utilizar *fuxir*. Este verbo ten o seguinte presente de indicativo: *f[u]xo*, *f[ɔ]xes*, *f[ɔ]xe*, *f[u]ximos*, *f[u]xindes / f[u]xís* e *f[ɔ]xen*. Este modelo conxugacional perdeu vitalidade na fala do concello de Castrelo do Val, pero non tanta coma a subclase de *servir*. Así a todo, hai vellos deste concello que conxugan este verbo sen alternancias vocálicas (*f[u]xo*, *f[u]xes*, *f[u]xe*, *f[u]ximos*, *f[u]xindes / f[u]xís* e *f[u]xen*) igualándoo co modelo regular de *discutir* (*disc[u]to*, *disc[u]tes*, *disc[u]te*, *disc[u]timos*, *disc[u]tindes / disc[u]tís* e *disc[u]ten*). Coido que a penetración do modelo da subclase regular na subclase irregular se debe máis a factores internos ca externos (*cf.* galego *d[ɔ]rmes* e *d[u]rmes* con castelán *duermes*). Así a todo, nalgúns verbos a influencia do castelán non é descartable de todo (*cf.* galego *c[ɔ]bres* e *c[u]bres* con castelán *c[u]bres*).

Para investigar nesta fala a pervivencia do modelo tradicional con alternancias vocálicas tiven en conta os verbos deste tipo que aparecen en Álvarez, Monteagudo e Regueira (1986: 309–310) e en *Normas* 1995 (129–131).

Nas enquisas obtiven alternancias nos seguintes verbos: *bulir* (Campobecerros, Portocamba, Veiga de Nostre, Fontefría, Vilar, Servoi, Piornedo, Monteveloso, Ribas, Marbán e Nocedo), *cubrir* (Campobecerros, Fontefría, Vilar, Pepín e Nocedo), *acudir* (Campobecerros, Veiga de Nostre, Fontefría, Servoi, San Paio, Monteveloso, Pepín, Ribas, Gondulfes e Marbán), *sacudir* (Campobecerros,

---

30 En cambio, esta informante usou s[ɔ]be.

Portocamba, Veiga de Nostre, Servoi[31], Monteveloso, Pepín, e Nocedo), *cumprir* 'facer falta' (Campobecerros, Portocamba, Veiga de Nostre, Sanguñedo, Fontefría, Vilar, Servoi, San Paio, Piornedo, Monteveloso, Pepín, Ribas, Gondulfes, Marbán, Nocedo e Castrelo do Val), *cuspir* (Campobecerros, Veiga de Nostre, Fontefría, Servoi, Pepín, Ribas e Nocedo[32]), *durmir* (Campobecerros, Portocamba, Veiga de Nostre, Sanguñedo, Fontefría, Vilar, Servoi, San Paio, Piornedo, Monteveloso, Pepín, Ribas, Gondulfes, Marbán, Nocedo e Castrelo do Val), *engulir* (Campobecerros, Veiga de Nostre, Vilar, San Paio, Piornedo, Monteveloso, Pepín, Ribas, Gondulfes e Marbán), *fuxir* (Campobecerros, Veiga de Nostre, Fontefría, Vilar, Servoi, Monteveloso, Pepín e Ribas), *lucir* (Campobecerros, Veiga de Nostre e Monteveloso), *muxir* 'saca-lo leite' (Campobecerros, Portocamba, Veiga de Nostre, Sanguñedo, Vilar, Servoi, Piornedo, Monteveloso, Pepín[33], Ribas, Gondulfes e Nocedo), *ruxir* (Campobecerros, Veiga de Nostre, Sanguñedo, Fontefría, Vilar, Servoi, San Paio, Piornedo, Pepín, Ribas, Gondulfes, Marbán e Nocedo), *subir* (Campobecerros, Portocamba, Veiga de Nostre, Fontefría, Vilar, Servoi, San Paio, Piornedo, Monteveloso, Pepín, Ribas, Gondulfes, Marbán[34] e Nocedo), *sufrir* (Campobecerros e Monteveloso), *sumir* (Campobecerros, Servoi, Piornedo, Monteveloso, Pepín, Ribas, Marbán e Nocedo), *consumir* (Campobecerros, Sanguñedo, Servoi, Piornedo, Monteveloso, Pepín, Ribas, Marbán, e Nocedo), *tusir* (Campobecerros, Portocamba, Veiga de Nostre, Sanguñedo, Vilar, Servoi, Piornedo, Monteveloso, Pepín, Ribas, Gondulfes, Marbán, Nocedo e Castrelo do Val), *xunguir* (Campobecerros, Portocamba, Veiga de Nostre, Sanguñedo, Vilar, Servoi, San Paio, Piornedo, Monteveloso, Pepín, Ribas, Gondulfes, Marbán e Nocedo) e *xurdir* (Campobecerros, Piornedo, Monteveloso, Pepín e Marbán).

Nestes datos inclúo as contestacións da enquisa complementaria de Piornedo (Pi-5), xa que á informante principal deste lugar non lle preguntei sobre isto. Da informante principal de Campobecerros (Ca-1) só anotei nos datos dados que usaba formas con alternancia vocálica; agora ben, tamén me indicou que algúns verbos deste tipo se conxugaban en Campobecerros preferentemente sen alternancia.

---

31   A filla da informante principal manifestou que ela dicía *sacudes*.
32   O informante principal manifestou que antes se dicía *chuspes* ou *chospes*.
33   O informante manifestou que *monguen* e *munguir* se dicían máis no val ca na montaña. Os vellos de Campobecerros tamén me aseguraron que neste lugar antes se dicía *munguir*.
34   As formas do tipo *sobes* eran propias dos vellos de antes segundo a informante principal de Marbán (Ma-1).

Verbos de irregularidade común

En canto ás preferencias dos informantes deste concello, resultan interesantes os seguintes datos: *cumprir* aparece con alternancia vocálica como forma única nos 16 lugares, *durmir* aparece con alternancia vocálica nos 16 lugares pero non como variante única, *xunguir* e *tusir* aparecen con alternancia vocálica en 14 lugares pero non como variantes únicas, *ruxir* aparece con alternancia vocálica en 13 lugares pero non como variante única, *muxir* (ou *munguir*) aparece con alternancia vocálica en 12 lugares pero non como variante única.

Os verbos deste tipo que presentan alternancia vocálica en menos lugares do municipio son: *sufrir* (2 lugares), *lucir* (3 lugares), *cubrir* (5 lugares) e *xurdir* (5 lugares).

Analizando estes datos, obsérvase que hai verbos que manteñen ben a conxugación con alternancia, pero outros xa case non se usan coa conxugación con alternancias vocálicas. Por outra parte, para a maioría dos informantes, o que predomina nestes verbos é o uso alternativo entre formas con alternancias vocálicas e variantes sen alternancias vocálicas. Algúns dos meus informantes principais tales como o de Fontefría e a de Gondulfes manifestaron que preferían as formas con *u*, é dicir, as variantes sen alternancia. A perda destas alternancias faise evidente na enquisa da informante principal de Castrelo do Val (CV-1). Esta só respondeu como formas con alternancia vocálica *cómpre, dormen* e *tosen*. Como forma única só ten *cómpre* e preferiu *durmen* a *dormen*. Aínda que sei que hai bastantes falantes novos no municipio estudado que teñen máis formas con alternancia vocálica cá informante principal de Castrelo do Val, o certo é que a información desta falante debe tomarse como un bo baremo para medi-lo altísimo grao de perda da conxugación tradicional deste tipo de verbos.

A presenza de verbos do tipo *fuxir* con alternancias vocálicas na raíz do presente de indicativo pode verse nos cadros que inserto a continuación:

Cadro 5: Verbos do tipo fuxir con alternancias vocálicas na raíz do presente de indicativo (I).

Infor.	Bulir	Cubrir	Acudir	Sacudir	Cumprir	Cuspir	Durmir	Engulir	Fuxir
Ca-1	+	+	+	+	+	+	+	+	+
Po-1	+			+	+		+		
VN-1		+		+	+	+	+	+	+
Sa-1	+				+		+		

(fortgeführt)

Cadro 5: Fortsetzung

Infor.	Bulir	Cubrir	Acudir	Sacudir	Cumprir	Cuspir	Durmir	Engulir	Fuxir
Fo-1	+ (tamén bules)	+	+ (tamén acudes)		+	+ (prefire cuspes)	+ (usa menos durmes)		+
Vi-1	+	+			+		+	+	+
Se-1	+		+	+	+	+	+		+
SP-1			+		+		+	+	
Pi-5	+				+		+	+	
MV-1	+		+	+	+		+ (tamén durmes)	+ (tamén engules)	+ (tamén fuxen)
Pe-1		+	+	+	+	+ (tamén cuspen)	+	+	+
Ri-1	+		+		+	+	+	+	+
Go-1			+ (tamén acúdesme)		+		+	+ (usa máis engules)	
Ma-1	+		+			+		+	+ (tamén engule)
No-1	+	+		+	+	+	+		
CV-1					+		+ (tamén durmes)		

Cadro 6: Verbos do tipo fuxir con alternancias vocálicas na raíz do presente de indicativo (II).

Infor.	Lucir	Muxir	Ruxir	Subir	Sufrir	Sumir	Consumir	Tusir	Xunguir	Xurdir
Ca-1	+	+	+	+	+	+	+	+	+	+
Po-1		+		+			+	+		
VN-1	+	+	+	+			+	+		
Sa-1		+	+ (tamén ruxes)				+ (tamén consumes)	+ (tamén tuses)	+	
Fo-1			+	+ (tamén subes)						
Vi-1		+	+	+				+	+	
Se-1		+	+	+		+	+ (tamén consumes)	+	+	

Cadro 6: Fortsetzung

Infor.	Lucir	Muxir	Ruxir	Subir	Sufrir	Sumir	Consumir	Tusir	Xunguir	Xurdir
SP-1			+	+ (máis usual subes)					+	
Pi-5	+	+	+		+	+	+	+	+	+
MV-1	+ (tamén luces)	+		+ (tamén subes)	+ (tamén sufres)	+ (tamén súmese)	+ (tamén consumes)	+ (tamén tuses)	+	+
Pe-1	+	+		+ (prefire subes)		+ (tamén súmese)	+ (tamén consumes)	+	+	+ (máis usual xurden)
Ri-1	+	+	+	+		+	+	+		
Go-1	+ (máis usual muxes)	+ (tamén ruxes)	+				+	+		
Ma-1		+	+	+	+	+	+	+	+	+
No-1	+ (usou monxen)	+		+ (tamén subes)		+	+	+ (tamén tuses)	+	
CV-1								+ (tamén tuses)		

2.4 Os verbos anómalos ou de irregularidade propia

Os chamados *verbos anómalos* (ou de *irregularidade propia*) caracterízanse por ter anomalías exclusivas deles e dalgúns derivados deles. Normalmente, presentan un tema de pretérito ou de *perfectum* (*pux-*) diferente do tema de presente ou de *infectum* (*po-*). Ademais presentan irregularidades nas formas do tema de presente (ou de *infectum*). Estas irregularidades acostuman consistir en ter raíces diferentes en formas verbais distintas (*te-ø-ø-s* vs. *tiñ-ø-a-s*), en ter raíces distintas dentro do mesmo tempo verbal (*so-*, *e-*), en ter morfos *portmanteau* que expresan nun único significante (*dou*) diferentes valores ('dar + pretérito de indicativo + P1') e incluso en presentar raíces distintas para a P1 do presente de indicativo e para o presente de subxuntivo (*cf. quer-o* e *queir-a* con *vex-o* e *vex-a*).

Sen pretender ser exhaustivo, vou explicar algunhas das irregularidades da raíz de *perfectum* dos verbos anómalos. Nas irregularidades da raíz de pretérito existen raíces coa vogal *-u-* (*anduv-*, *estuv-*, *pud-*, *pux-* e *tuv-*), raíces de *perfectum* con *-ou-* (*coup-, houb-, soup-, trough-* / *trougu-* e *troux-*) e raíces de *perfectum* sigmáticas (*dix-, fix-, quix-, pux-* e *troux-*). Os verbos *ser* e *ir* presentan maiores irregularidades na raíz de *perfectum* (*fu-, fo-*) cós verbos que acabo de citar. O mesmo acontece con *dar* (*d[ɛ]-ø-stes*), con *ver* (*vi-ø-stes*), con *vir* (*vi-, viñ-, ve-*) e co resto dos verbos atemáticos (*cf. le-ø-ø-s* e *li-ɸ-ches*). Sobre os verbos atemáticos (*vid. infra*).

Na raíz de *infectum* dos verbos anómalos é bastante común que haxa irregularidades na P1 do presente de indicativo e no presente de sunxuntivo (*quep-io* e *quep-ia, dig-o* e *dig-a, fag-o* e *fag-a, poñ-o* e *poñ-a, teñ-o* e *teñ-a, veñ-o* e *veñ-a*).

Algúns verbos anómalos presentan distintas raíces para a P1 do presente de indicativo e para o presente de subxuntivo (*dou* e *de-a* / *dí-a, estou* e *este-a* / *estí-a, hei* e *hax-a, vou* e *vai-a, quer-o* e *queir-a, sei* e *sep-ia* / *sep-a, vou* e *vai-a*).

Un pequeno grupo dos verbos anómalos teñen irregularidades noutras formas verbais. Son irregulares as raíces de copretérito de indicativo de *pór* (*puña*), *ser* (*er-a*), *ter* (*tiñ-a*) e *vir* (*viñ-a*), e as raíces de futuro de indicativo e de pospretérito de indicativo de *dicir* (*di-rá, di-ría*) e de *facer* (*fa-rá, fa-ría*).

Non inclúo entre os verbos anómalos o verbo *moer* porque considero que as terminacións *-io* e *-ia* son as propias da C II deste concello (*cf. varr-io* e *mo-io* e tamén *varr-ia* e *mo-ia*). A particularidade dos verbos do tipo *moer* radica en que algúns falantes do concello non usan as terminacións alternantes con *-o* e *-a*, como ocorre cos verbos máis regulares da C II (*varr-o* e *varr-a*). Dito doutra maneira, no caso do verbo *moer*, non existe *moo para tódolos falantes do concello de Castrelo do Val. Para esta cuestión véxase a epígrafe 2.3.

Inclúo aquí os verbos *saír* e *caír* porque hai falantes que usan variantes do tipo *salga* e *caiga*. Ademais, na fala do concello de Castrelo do Val existe o imperativo irregular *sal*. A pesar de que considero regulares as terminacións *-io* e *-ia* de *valio* e *valia* na fala do concello de Castrelo do Val, tamén inclúo *valer* nesta epígrafe, porque hai falantes que usan *valga*. Trato o verbo *oír* nesta epígrafe, porque hai falantes neste municipio que empregan formas irregulares como *oiga, ouves, o[j̥]e* e *o[j̥]es*.

Dentro dos verbos anómalos tamén coloco tódolos verbos atemáticos citados na epígrafe 2.2.1. Estes verbos atemáticos son *pór, crer, dar, estar, ir, ler, rir, ser, ter, ver* e *vir*. Desta clase atemática tamén forman parte algúns derivados destes verbos. Para a xustificación da atematicidade deles véxase a epígrafe que acabo de citar neste parágrafo.

Como xa dixen antes cando tratei os verbos regulares (2.2.4), nas formas de segunda persoa de plural cito fundamentalmente as dúas máis frecuentes na fala investigada *-is* (ou *-s* na C III) e *-ndes*. Hai algúns falantes que usan a terminación *-des*. Esta terminación citareina cando o considere oportuno e citareina case sempre entre paréntese para que se vexa que é unha forma de pouca vitalidade. A terminación *-ides* de P5 non a porei normalmente nos paradigmas verbais, excepto se o considero necesario. Para estas cuestións véxase a epígrafe 2.2.3. O dito para a segunda persoa de plural vale para a segunda persoa de plural de imperativo. Neste, as terminacións máis usuais son *-i* e *-nde*, ten algunha presenza *-de*, e *-ide* é unha forma residual que lle oín a algúns vellos do municipio investigado, que xa morreron.

Na epígrafe 2.2.3.1, expliquei que o pretérito de indicativo dos verbos regulares da C I, da C II e da C III tiña unhas desinencias especiais. Tamén expliquei que os verbos irregulares acostumaban ter no pretérito de indicativo unha raíz singular ou un tema de *perfectum* singular. Agora vou comentar brevemente as desinencias especiais que presentan algúns verbos irregulares. A maioría deles ten para a P1 do pretérito de indicativo *-[e]n*, para a P2 *-[ɛ]che(s)*, para a P3 *-o*, para a P4 *-[ɛ]mos*, para a P5 *-[ɛ]stes* e para a P6 *-[ɛ]ron*. A variante *estuve* que lle oín a unha muller de Pepín obriga a incluír *-[e]* como alomorfo residual da P1 do pretérito de indicativo.

Outros verbos anómalos como *ver, crer, ler* e *rir* teñen as seguintes desinencias no pretérito de indicativo: *-n (vi-n), -che(s) (vi-che(s)), -u (vi-u), -mos (vi-mos), -stes (vi-stes)* e *-ron (vi-ron)*. Os verbos *ser* e *ir* coinciden con estes verbos en tódalas desinencias do pretérito de indicativo, excepto na P3 (*foi*)[35].

O verbo *dar* posúe tamén as mesmas desinencias ca *ver*, excepto na P1 do pretérito de indicativo. Na fala do concello estudado, a forma predominante desta persoa é *dei*, pero tamén existe residualmente *dein*. O significante *dei* coido que expresa amalgamados os contidos 'dar + pretérito de indicativo + P1'. Penso que *dein* tamén pode considerarse un significante que amalgama os valores citados para *dei*. Quizás se poida admitir que, en *dein*, se pode segmentar *-n* como marca de P1 (*cf.* con *vi-n*); agora ben, obsérvese que *dei-*, a forma ligada restante de *dein*, significa inequivocamente 'dar + pretérito de indicativo + P1' (*cf. d[ɛ]-ches, d[ɛ]-u, d[ɛ]-mos, d[ɛ]-stes, d[ɛ]-ron*).

A continuación mostro os paradigmas dos verbos anómalos (ou de irregularidade propia) da fala do Concello de Castrelo do Val. Tamén dou conta dos cambios lingüísticos que se produciron e que se están dando na actualidade e, cando me pareza oportuno, explicarei a segmentación morfolóxica das formas verbais citadas.

---

35   Aínda que non me vou deter aquí, considero que *foi* e *vai* constitúen bloques inanalizables en morfoloxía sincrónica.

Centrareime nas irregularidades dos verbos anómalos e exporei tamén o resto dos paradigmas destes verbos para que a miña investigación sexa máis completa e útil.

Os verbos que trato nas seguintes subepígrafes son: *andar* (2.4.1), *caber* (2.4.2), *caír* (2.4.3), *crer* (2.4.4), *dar* (2.4.5), *dicir* (2.4.6), *estar* (2.4.7), *facer* (2.4.8), *haber* (2.4.9), *ir* (2.4.10), *ler* (2.4.11), *oír* (2.4.12), *poder* (2.4.13), *pór / poñer* (2.4.14), *querer* (2.4.15), *rir* (2.4.16), *saber* (2.4.17), *saír / salir* (2.4.18), *ser* (2.4.19), *ter* (2.4.20), *traer / tragher* (2.4.21), *valer* (2.4.22), *ver* (2.4.23) e *vir* (2.4.24).

2.4.1 Andar

Este verbo segue o modelo de *cantar* nos tempos que non se constrúen co tema de *perfectum*. Coa raíz de presente deste verbo *and-* pode refacerse o presente de indicativo[36] (*ando, andas, anda, andamos, andais* ou *andandes, andan*), o presente de subxuntivo (*ande, andes, ande, andemos, andeis* ou *andendes, anden*), o imperativo (*anda, andai* ou *andande*), o copretérito de indicativo (*andaba, andabas, andaba, andabamos, andabais* ou *andabandes, andaban*), o futuro de indicativo (*andarei, andarás, andará, andaremos, andareis* ou *andarendes, andarán*) e o pospretérito de indicativo (*andaría, andarías, andaría, andariamos, andariais* ou *andariandes, andarían*). O xerundio e o participio deste verbo son, respectivamente, *andando* e *andado*.

A raíz de *perfectum* deste verbo é case en exclusiva *anduv-* en tódolos lugares deste concello. Taboada (1979b: 145–146) só recolleu *anduv-* no val de Verín. Para o informante principal de Pepín (Pe-1), a forma *andaron* só a din os rapaces pequenos cando aínda non saben falar ben. Así pois, a raíz innovadora *anduv-*, no caso de ser un castelanismo, non é un castelanismo recente. Sen descartar de todo que *anduv-* sexa un castelanismo moi vello, paréceme mellor considerar que se trata dunha raíz de perfecto coherente cos perfectos do tipo *estuven* e *tuven*, os cales tampouco teñen que ser necesariamente castelanismos.

Engadindo as terminacións adecuadas á raíz *anduv-* obtense o pretérito de indicativo (*anduven, anduveche* ou *anduveches, anduvo, anduvemos, anduvestes, anduveron*), o antepretérito de indicativo (*anduvera, anduveras, anduvera, anduveramos, anduverais* ou *anduverandes, anduveron*) e o pretérito de subxuntivo (*anduvese, anduveses, anduvese, anduvesemos, anduveseis* ou *anduvesendes, anduvesen*). Este último tempo non é coñecido por tódolos falantes e ademais aqueles que o coñecen tenden a usar na P4 e na P5, respectivamente,

---

36 Lémbrese que algúns falantes usan a terminación *-de* para a P5 do imperativo e *-des* para a P5 do resto dos tempos.

anduveramos e *anduverais* ou *anduverandes*. Tamén hai falantes que nestas persoas presentan acentuación esdrúxula (*anduvéramos* e *anduvérais* ou *anduvérandes*). Para estas últimas cuestións véxase as epígrafes 2.2.2 e 2.4.2.1. A algúns falantes do concello oínlle variantes do tipo *andara*. Estas variantes seguen o modelo regular da C I.

2.4.2 Caber

Algúns informantes din que non usan o verbo *caber* e outros din que este verbo está deixando de utilizarse. A informante principal de Vilar (Vi-1) manifestou que en vez de *caber* usaba *coller* e, despois de moito preguntar, admitiu que empregaba *tu cabes*. A esta informante non lle atestei nin as formas irregulares do tema de *infectum* deste verbo nin as formas irregulares do tema de *perfectum*. Tamén a informante principal de Campobecerros (Ca-1) manifestou que non usaba o verbo *caber* e que no seu lugar empregaba *coller*. Así a todo, admitiu que, ademais de *eu collo*, dicía *eu cabio*. En conclusión, pódese dicir que só utilizan o verbo *caber* algúns falantes vellos do concello estudado.

Mapa 5: Eu quepio e variantes.

A forma tradicional da P1 do presente de indicativo é *qu[ɛ]pio* (*vid.* mapa 5). Escoitei esta forma en Campobecerros[37], onde tamén se di *cabio*; en Castrelo do Val, onde tamén atestei *qu[ɛ]po*[38]; en Veiga de Nostre, onde tamén recollín *cabo*; en Ribas; en Servoi, onde tamén se di *cabo*; en San Paio; en Piornedo, onde hoxe se prefire *collo*; en Monteveloso, onde tamén recollín *cabo*; en Castrelo do Val, onde a informante principal (CV-1) dixo que se usaban *quepio* e *quepo*; e

---

37 No mapa 209 do ALGA I só se recolle *cabo* en O22 Campobecerros.
38 A informante principal (CV-1) manifestou que se dicía máis *quepio* ca *quepo*. Pero para a P1 do presente de subxuntivo só respondeu *quepa*.

en Sanguñedo, onde un informante (Sa-1) tamén usou *cabio* mentres que a súa muller (Sa-2) empregou *cabo*.

Responderon *quepo* como única forma da P1 do presente de indicativo os informantes principais de Portocamba (Po-1), Gondulfes (Go-1) e Fontefría (Fo-1). Non me parece que estes falantes usen *quepo* por castelanismo xa que, no castelán común, o elemento *quepo* foi substituído por *cojo*. Máis ben me parece que *quepo* se crea por eliminación do *i* característico da terceira conxugación mixta latina (CAPIO)[39]. Ese *i* pervive aínda na palabra *quepio*, a cal lles oín non só ós falantes citados senón tamén á miña avoa, xa morta, e a outros falantes vellos de Campobecerros. Non é, pois, descartable que, en Portocamba, Gondulfes e Fontefría, tamén existise *quepio* aínda que eu non atopase falantes neses lugares que dixesen *quepio* ou que recordasen que se dicía así.

Así pois, considero que *quepio*, a forma tradicional do concello, é un descendente directo do latín CAPIO. Esta forma sofre a competencia de *cabio* e *cabo* e a competencia de *quepo*. Este último elemento é o único rexistrado en falantes de certa idade como os informantes principais de Portocamba (Po-1), Gondulfes (Go-1) e Fontefría (Fo-1). Creo que *cabo* e *cabio* son elementos autóctonos innovadores que os falantes empregan para regulariza-lo tema de presente (*cab-*) xa que pensar que o *-p-* sonorizou non me parece unha explicación convincente polos datos que teño deste concello, onde tamén se di *sepia* e non *sabias* ou *saibas*. O *-p-* non só non sonorizou se ía seguido de iode senón que tampouco o fixo se ía seguido de wau pois, neste concello, dise *soupen* e *coupen* e non *souben* e *couben*; por contra, o *-k-* sonorizou como o demostra o perfecto do verbo *pracer próugome*, que aínda recordan algúns falantes vellos deste concello. Ademais, parece obvio que un elemento con metafonía (*quepio*) é anterior a un elemento sen metafonía[40] (*cabio*). Por último, cabe argumentar que, se *cabio* fose anterior a *quepio*, non se entendería qué forza levou a introducir un tema irregular (*quep-*) nun verbo cun tema regular (*cab-*). *Cabio* créase a partir da raíz *cab-* e a terminación latina *-io* característica da forma latina CAPIO conservada. *Cabo* faise a partir da raíz *cab-* de *caber, cabes, cabía*, etc., e a terminación *-o*, a cal responde a un intento de converte-lo verbo en regular da segunda conxugación. En relación con isto, convén lembrar que o informante principal de Veiga

---

39   A forma castelá *quepo* é posible que teña que ver coa perda da terminación *-io* que sufriu en castelán a cuarta conxugación latina. Lémbrese que, en castelán, se di *parto* mentres que, no galego da fala obxecto de estudo, aínda se di *partio*.

40   Para a metafonía na variedade do municipio de Castrelo do Val e do resto do galego véxanse Alonso Nuñez (2014a; 2014b).

de Nostre (VN-1), ó lado de *quepio* e *coupen*, formas tradicionais, tamén usou *cabo* e *cabín* seguindo o modelo da segunda conxugación deste concello que elimina a terminación *-io* (*varro* e *varrín*). Lémbrese que, na segunda conxugación deste concello, tamén existe *varrio* (2.2.2 e 2.2.4).

A forma tradicional da P1 do presente de subxuntivo é *quepia* (véxase mapa 6). Rexistrei esta forma en Campobecerros, Pepín, Veiga de Nostre, Servoi, San Paio e Monteveloso. *Quepa* é a única forma da P1 do presente de subxuntivo para os informantes principais de Castrelo do Val (CV-1), Portocamba (Po-1) e Fontefría (Fo-1). A informante principal de Castrelo do Val (CV-1) utilizou para a P1 do presente de indicativo *quepio* e *quepo*. A informante que enquisei de Gondulfes (Go-1) dixo que usaba *coller* e despois de moito insistir recoñeceu que dicía *quepo* pero non fixo o mesmo co presente de subxuntivo.

Mapa 6: Eu quepia.

Partindo destes datos e deixando de lado que tanto os novos coma moitos vellos[41] do concello utilizan o verbo *coller* e non *caber* e *colla* e non *quepia* ou *quepa*, pódese pensar que a forma coa terminación *-ia* conservada *quepia* é a tradicional deste concello e que está sendo substituída por *quepa*, por *cabia* e por *caba*, forma que é a única resposta que dá o informante principal de Nocedo do Val (No-1). Agora ben, hoxe, xa hai moita xente neste concello que non sabe que aquí no pasado se dicía *quepia*. Incluso no mapa 17 do ALGA I só figuran en Campobecerros *quepa* e *caba* pero non as formas coa terminación *-ia quepia* e *cabia* rexistradas por min. Con respecto a *quepa*, forma coincidente co castelán, quero apuntar que non se trata dun castelanismo e para defender iso baséome no dito sobre *quepo*.

Un cadro resumo da P1 do presente de indicativo de *caber* e da P1 do presente de subxuntivo de *caber* pode verse a continuación.

Cadro 7: P1 do presente de indicativo e P1 do presente de subxuntivo de caber.

Lugar	Qu[ɛ]pio	Qu[ɛ]po	Cabio	Cabo	Qu[ɛ]pia	Qu[ɛ]pa	Caba
Po		+				+	
Ca	+		+		+		
Sa	+		+	+			
VN	+			+	+		
Fo		+				+	
Vi							
Se	+			+	+		
SP	+				+		
Pi	+						
MV	+			+	+		
Pe					+		
Ri	+						
Go		+					
Ma							
No							+
CV	+	(+)			+		

---

41 Por exemplo, a informante principal de Campobecerros (Ca-1) manifestou que dicía *coller, collo, colla* e *collín*. Só admitiu que empregaba a forma do verbo *caber cabio* pero non *cabia*.

En canto ó resto do tema de presente, cómpre dicir que o futuro de indicativo (*caberei*), o pospretérito de indicativo (*caberia*) e o copretérito (*cabía*) non presentan ningunha irregularidade.

A forma *coupen* é a forma tradicional da P1 do pretérito de indicativo; no entanto, hai falantes vellos do concello estudado que só utilizan *collín*. Recollín *coupen* en Campobecerros, Castrelo do Val, Veiga de Nostre, Nocedo do Val, Ribas, Servoi, San Paio, Marbán, Fontefría, Sanguñedo, Piornedo, Monteveloso, Portocamba e Gondulfes. Algúns falantes tamén usan *cabín*, forma que só se distinguiría dos tempos de presente pola terminación. Recollín *cabín* en Veiga de Nostre e Piornedo.

A partir da raíz *coup-* pode reconstruírse o antepretérito de indicativo (*coupera*) e o pretérito de subxuntivo (*coupese*).

2.4.3 Caír

Este verbo é da terceira conxugación en tódolos lugares do concello de Castrelo do Val. Maia (1997: 727) afirma que, na documentación seriada de Galicia e do noroeste de Portugal que analiza dende o século XIII ó XVI, *caer* alterna con *caír* no século XIV e que, no século XV, *caer* desaparece. Williams (1975: 224) asevera que o deslocamento para a terceira conxugación portuguesa de *caer* ocorreu no século XIV. Así a todo, o influxo do castelán déixase sentir ata o punto de que ó individuo entrevistado en Pepín (Pe-1), quen na enquisa dixo que usaba *caír* e que *caer* era castelán, escapóuselle na gravación *o ciervo caeu*.

O verbo latino CADERE perdeu o *-d-* intervocálico no paso ó galego (*caer*). No presente de indicativo, ó cae-lo *d* intervocálico, as formas latinas deste verbo (CADO, CADIS, CADIT, CADIMUS, CADITIS, CADUNT -substituído por CADENT-) pasan a ser en galego: *cao, caes, cae, caemos, caedes, caen* (Williams 1975: 224).

O paso á terceira conxugación do verbo *caer* neste concello débese, segundo o meu xuízo, á transformación do hiato en ditongo naqueles contextos en que o *e* era átono (*cae* pasa a *cai*, *caes* pasa a *cais*, *caen* pasa a *cain*). Este factor é o máis importante para min.

Outra explicación que non me convence tanto consiste en pensar que *CADEO substituíu a CADO no latín tardío desta zona. Se se opta por esta última interpretación, as forzas do cambio de conxugación empezarían a actuar antes e ademais habería que admitir que -dj- non evolucionou a [3]. Fose como fose, pódese supoñer que houbo un momento en que o paradigma do presente de indicativo era: *ca-i-o, ca-i-s, ca-i, ca-í-mos, ca-í-des, ca-i-n*. Este paradigma tiña que ser interpretado polos falantes da época como propio da terceira conxugación e o mesmo podería acontecer con algún paradigma parecido sen a presenza de -*i*- en tódalas persoas.

Na actualidade, no concello estudado a P1 é *caio* en tódolos sitios, a P2 é *cas* en tódolos lugares, pero hai falantes de Campobecerros e Veiga de Nostre que me dixeron que había vellos que dicían *cais*. Isto lévame a pensar que, se *cais* non é un préstamo do bloque oriental, *cas* se orixinou de *cais* a partir dunha relaxación articulatoria que levou, nun momento determinado, ós falantes novos a escoitar *cas* e, en consecuencia, a emitir *cas*[42]. Outra posibilidade consiste en pensar que a *cas* se chega dende *caes* pasando por *caas*. Pero esta explicación resulta pouco convincente dende un punto de vista morfolóxico dado que o segundo *a* vincularía ó verbo coa primeira conxugación e ademais desmarcaríao da tendencia fonética que transforma o hiato en ditongo[43]. Isto último vai en contra da interpretación dese -*i*- como vogal temática da terceira conxugación. Por último, tamén cabe pensar que de *caes* se pasou a *cas* directamente. Hoxe *cas* 'segunda persoa do presente de indicativo do verbo *caír*' debe analizarse en *ca*-, raíz, e en -*s*, marca de segunda persoa de singular.

En tódolos lugares do concello analizado, a P3 é *cai* e a P4 é *caímos*.

A P5 é *caís* ou *caíndes* (ou *caídes*). As falantes que enquisei en Servoi (Se-1) e en San Paio (SP-1) respondéronme *caís*, forma que se pode interpretar diacronicamente como *ca*-, raíz, e o -*i*- (< *ii*) ten dous valores amalgamados: por un lado, indica que é un verbo da terceira conxugación e, por outro lado, indica xunto co -*s* a segunda persoa do plural. Nunha análise morfolóxica sincrónica, o -*i*- indica C III e o -*s* marca P5. Unha entrevistada de Nocedo (No-2) respondeume

---

42   O máis importante é a percepción do falante, a perspectiva que o antropólogo Lévi-Strauss (1977) denomina *emic* seguindo a nomenclatura dos lingüistas, quen distinguen entre análise fonémica (ou fonolóxica) e análise fonética. O enfoque *emic* analiza unha determinada cultura "desde o punto de vista nativo"; o enfoque *etic* analiza tódalas culturas desde unha mesma perspectiva que quere ser "obxectiva" e "científica" pero non o logra (Aranzadi Martínez 2008: 13–16). A relación *emic-etic* é outra vertente do problema do obxectivismo e do subxectivismo na construción (ou produción) do coñecemento en ciencias sociais, isto é, o problema epistemolóxico sobre cómo facer ciencias sociais sexa desde unha concepción nomotética e explicativa ou hermenéutica e comprensiva (González Echevarría 2009: 23). A pesar de que a linguaxe é unha subxectividade colectiva, o investigador ten que optar pola vía interpretativa ou comprensiva dos datos recollidos xustificando ben os seus xuízos, os cales non chegan a ser *obxectivos* e só se teñen por verdadeiros mentres sirvan as razóns achegadas.

43   Con todo, debe lembrarse que os hiatos poden eliminarse con crases.

caíndes, forma que se pode analizar así: *ca-* é a raíz, *-i-* é a vogal temática, e *-ndes* é o sufixo que indica segunda persoa de plural.

A P6 do presente de indicativo deste verbo é *can* en tódolos lugares do concello. A palabra *can* presenta as mesmas particularidades evolutivas ca *cas* e pode analizarse da seguinte maneira: a raíz é *ca-*, non presenta vogal temática e o sufixo de número e persoa é *-n*.

O presente de subxuntivo deste verbo é *caia* mentres que o copretérito é *caía*. A análise morfolóxica de *caia* é *ca-ø-ia-ø* e a de *caía* é *ca-ø-ía-ø*. Para a análise destes tempos véxase a epígrafe 2.2.2.

O futuro de indicativo é *cairei*, o pospretérito de indicativo é *cairía* e o imperativo predominante é *cai* e *caínde* ou *caí*. Tamén existe residualmente a terminación *-de* para a P5 do imperativo.

A partir do pretérito de indicativo *caín*, *caíche* ou *caíches*, *caíu*, *caímos*, *caístes* e *caíron* pode reconstruírse o antepretérito de indicativo (*caíra*) e o pretérito de subxuntivo (*caíse*). Sobre as terminacións do pretérito de indicativo da C III xa falei na epígrafe 2.2.2.2.

2.4.4 Crer

Os falantes tradicionais do concello de Castrelo do Val usan o verbo atemático *crer*. Hai falantes deste municipio que usan o verbo da C II *creer*. Taboada (1979b: 148–149) recolleu no val de Verín formas con vogal temática tales como *crees*, *cree*, *creín*, *creíches*, *creen*, *creímos*, *creístedes*, *creeron*, *creerei*, *creería*, *cree*, etc. Na fala do concello de Castrelo do Val, algúns falantes teñen variantes deste tipo; pero os falantes tradicionais utilizan o verbo *crer* sen vogal temática (*cre-ø-r*). A continuación dou o paradigma deste verbo. Algunhas variantes do verbo *crer* poden alternar na fala dalgúns falantes tradicionais deste municipio con variantes do verbo *creer*.

O presente de indicativo de *crer* é *creo*, *cres*, *cre*, *cremos*, *crendes* (*credes*) e *cren*. O presente de subxuntivo presenta as seguintes formas: *crea*, *creas*, *crea*, *creamos*, *creandes / creais* (*creades*) e *crean*. Neste último tempo, vese con claridade que o *-e-* forma parte da raíz (*cre-a-s*). Recórdese que se asume que o presente de subxuntivo galego non ten vogal temática. Por outra parte, a análise de *cres* coherente coa que acabo de realizar de *creas* é *cre-ø-ø-s*. En apoio desta análise vou comenta-lo feito de que sabendo só a forma *cres* un falante estranxeiro descoñecería tanto a conxugación do resto do paradigma canto a clase conxugacional do verbo. En apoio da análise *cre-ø-ø-s* tamén se pode citar *creo*. A raíz de *creo* non pode ser *cr-*, xa que, se a esta raíz se lle engade a terminación propia da P1 do presente de indicativo, o resultado é *cro e non creo (cf. varr-e-r → varr-o e cre-ϕ-r → cre-o).

Coa raíz do presente de indicativo pode refacerse o futuro de indicativo (crerei), o pospretérito de indicativo (crería), o infinitivo conxugado (creres), o xerundio (crendo) e o imperativo. Este último é cre, crende (crede). O participio é crido, pero a palabra creído, participio e adxectivo que se recategorizou como substantivo, é usual na fala do municipio de Castrelo do Val. O verbo crer ten como copretérito de indicativo variantes do tipo cría, crías, cría, etc. Estas formas sufriron unha redución e, como consecuencia dela, en vez de ser analizadas nunha raíz cr- e un SMT -ía- é mellor segmentar unha raíz especial de 'copretérito de indicativo' cri- e un SMT -a, identico ó de puñas.

O pretérito de indicativo conxúgase así: crin, criche(s), creu, cremos, crestes, creron. Óese bastante neste concello a forma regular creestes.

O antepretérito de indicativo é crera, creras, crera, creramos, crerais / crerandes (crerades), creran. Esta forma tamén se pode utilizar cos valores propios do pretérito de subxuntivo. Este tempo ten as formas específicas do tipo crese.

2.4.5 Dar

A P1 do presente de indicativo é, en tódolos lugares, dou, signo inanalizable hoxe. A raíz de presente no resto do presente de indicativo é da- (tu dás, el dá, nós damos, etc.). A partir deste tema tamén se reconstrúe o copretérito (daba), o futuro de indicativo (darei) e o pospretérito de indicativo (daría).

A P1 do presente de subxuntivo presenta as seguintes formas: dea, día, díe, deie e de. O informante principal de Pepín (Pe-1) díxome na enquisa que el usaba dea e día e que consideraba que de era un elemento castelán. Non vou investigar aquí se se trata dun castelanismo ou se é unha pervivencia do pasado. É posible que o uso actual da variante de no concello de Castrelo do Val sexa unha forma nova que se estendeu entre a xente que tiña uns corenta anos ou menos por volta de finais do século pasado. Esta posibilidade baséoa en que de non sae nas enquisas que lles fixen ós meus entrevistados do concello de Castrelo do Val. Agora ben, Maia (1997: 777-780) recolleu en textos medievais galegoportugueses a convivencia de formas do tipo de e do tipo dea / día na Galicia oriental (ourensá e lucense)[44]. A convivencia dáse incluso nun mesmo

---

44   Maia (1997: 777-780) atopou poucos casos do subtipo dea / día, coincidente co da área asturiana e leonesa, nos documentos medievais da zona portuguesa; con todo, admite que as variantes dea e deia existen en falares portugueses actuais de diferentes rexións e que día se usa nalgúns falares trasmontanos.

escrito. Maia rexistrou formas do tipo *de* en documentos medievais de Monterrei e Allariz. Ante estes datos de Maia, considero que hai que investigar con maior profundidade este tema para chegar a saber se o *de* actual do municipio de Castrelo do Val é unha pervivencia ou unha reintrodución.

Nas enquisas, recollín *dea* e *día* en Campobecerros e Pepín; *dea* en Castrelo do Val, Nocedo[45] e Gondulfes[46]; *día* en Veiga de Nostre, Servoi, Piornedo, Portocamba, Fontefría e Sanguñedo. Tamén recollín *día* nas enquisas principais de Ribas (Ri-1) e San Paio (SP-1). En Ribas, o informante da enquisa complementaria (Ri-3), que reside en Gondulfes onde se di *dea*, respondeu *dea*. En San Paio, escoiteille a un falante que tiña 13 anos en 1996 (SP-7) *deamos*. O uso desta forma quizás se deba a que este rapaz foi á escola ó grupo escolar de Castrelo do Val, onde recollín *dea*, pero non ten que ser necesariamente debido a iso. En Monteveloso rexistrei, na enquisa principal (MV-1), a variante *díe* (*que che díe eso*), forma que tamén escoitei noutros lugares do concello, e, na enquisa complementaria (MV-2), a variante *día*. En Nocedo, o informante principal (No-1) respondeu na enquisa *dea* pero na gravación tamén usou *dei[ɛ]n*; polo contrario, a súa muller (No-2) empregou na gravación *día* e *díe*.

Así pois, usan *día* ou *díe* a maioría dos falantes enquisados que teñen un galego pouco contaminado polo castelán. *Día* pode analizarse na raíz *di-* que indica 'presente de subxuntivo do verbo *dar*' e *-a* que marca 'presente de subxuntivo'. *Día* xerouse a partir de *dea*, forma que aparece noutros lugares do concello, especialmente nos do val. Con respecto a *dea*, pode pensarse que é unha forma propia do concello e, polo tanto, conservadora ou ben que é unha forma foránea que compite con *día* e *díe*. Aínda que non pretendo resolver de todo esta cuestión aquí, máis ben penso que é unha forma conservadora porque o falante de Nocedo (No-1) non é un falante moi contaminado polo castelán. En *deien*, hai una epéntese de *i* e posteriormente a vogal *a* palatalízase.

As formas de pretérito de indicativo dominantes no concello estudado son: *dei, deches, deu, demos, destes, deron*. Estas formas, pronunciadas sempre con vogal aberta, aparecen en Campobecerros, Servoi, San Paio, Sanguñedo, Veiga de Nostre, Portocamba, Piornedo e Vilar. En Monteveloso, na enquisa complementaria (MV-2), recollín tamén as formas dominantes deste concello pero o informante principal (MV-1), quen traballou en Verín, usou na gravación *deu* e *diu*. En San Paio, a mesma informante principal (SP-1) que me contestou

---

45 Na enquisa complementaria (No-3, No-4 e No-5), os entrevistados deste lugar tamén responderon *dea*.
46 A resposta na enquisa complementaria (Go-4) tamén foi *dea*.

na enquisa coas formas dominantes citadas tamén usou na gravación a P1 *din* e a P6 *diron*. En Sanguñedo, houbo un falante (Sa-1) que para a P1 dixo *dein* e, en Veiga de Nostre, tamén houbo outro (VN-1) que usou *dein*. Isto pode deberse a que un avó do falante de Sanguñedo era de Parada da Serra, lugar do bloque oriental, e a que o falante de Veiga de Nostre estivera algúns anos da nenez en Parada da Serra, aldea de onde era a súa mai.

No val, aparece para a P1 do pretérito de indicativo *din* en Pepín, Castrelo do Val, Nocedo, Ribas, Marbán e Gondulfes (*vid.* mapa 7). Tamén aparece *din* en Fontefría, lugar da montaña que pertence á parroquia de San Xoán de Servoi. A informante de Marbán (Ma-1) manifestou que ela empregaba *din* pero que as súas avoas dicían *dei*. Esta é, ó meu xuízo, unha boa explicación xa que dá conta da substitución lingüística de *dei* por *din*. Tal substitución aparece case cumprida no val[47] e está comezando a subir para a montaña. Nas gravacións, rexistrei exemplos co tema *de-* nos lugares do val de Gondulfes (*dei*) e Pepín (*deu*). En Gondulfes, a informante que entrevistei (Go-1) respondeu *din* na enquisa principal, pero usou *dei* na gravación ó lado de *diron*. Nas gravacións de Pepín, unha informante utilizou para a P3 *deu*. O informante principal de Fontefría (Fo-1), lugar da montaña, ten como formas do pretérito de indicativo: *din, deches, deu, demos, distes, deron*[48]. Na resposta á enquisa deste informante, o novo tema de perfecto *di-* só aparece na P1 e na P5 pero non nas outras persoas. A mai (Fo-2) deste informante de Fontefría usou *din* e *deu* na gravación. De tódolos xeitos, isto non implica que as respostas que un informante dea nunha enquisa non poidan ser contraditas por gravacións do mesmo suxeito. Isto quere dicir que hai falantes que usan dúas formas como fai un (MV-1), que usa *deu* e *diu*, na gravación de Monteveloso, ou como fan os informantes das enquisas complementarias de Fontefría (Fo-3) e Servoi (Se-2), os cales dixeron que utilizaban para a P1 *dei* ou *din*. En Gondulfes, a informante principal (Go-1) conxugou o pretérito de indicativo así: *din, deches, diu* e *diron*. En cambio, esta mesma informante, na gravación, usou *dei* ó lado de *diron*. Neste caso, o tema *di-* rexístrase na P1, na P3 e na P6.

---

47 Taboada (1979b: 146) pensaba que no val de Verín non se coñecía a forma *dei*.
48 Obsérvese que postular que *dar* ten vogal temática significa que este verbo posúe -*a*- como vogal temática de presente, e -*i*- (*din*) e -[ɛ]- (*demos*) para o pretérito. Esta análise é inadecuada (*vid.* epígrafe 2. 2. 1).

84 O verbo

Mapa 7: Dei e variantes.

No cadro que inserto a continuación poden verse as formas de P1 do pretérito de indicativo do verbo *dar* rexistradas na fala do concello investigado.

Cadro 8: P1 do preterito de indicativo do verbo dar.

Lugar	P1 pto. dei	P1 pto. din	P1 pto. dein
Po	+		
Ca	+		
Sa	+		+
VN	+		+
Fo	+	+	
Vi	+		
Se	+	+	

Cadro 8: Fortsetzung

Lugar	P1 pto. dei	P1 pto. din	P1 pto. dein
SP	+	+	
Pi	+		
MV	+		
Pe		+	
Ri		+	
Go	+	+	
Ma		+	
No		+	
CV		+	

Os falantes que só usan *de-* no pretérito de indicativo fan tamén con esta raíz o antepretérito de indicativo (*dera*) e o pretérito de subxuntivo (*dese*). Os falantes que usan *di-* nalgunha persoa do pretérito de indicativo poden face-lo antepretérito de indicativo tamén con esta raíz (*dira*) ou con *de-* (*dera*). Así, por exemplo, en Pepín, onde o entrevistado principal (Pe-1) respondeu con *din*, unha irmá súa (Pe-2) usou na gravación *dira*; no entanto, os informantes das enquisas complementarias de Fontefría (Fo-3) e de Servoi (Se-2) empregaron *dera* e *dese* ó lado de *dei* ou *din*.

Todo isto fai pensar que a substitución de *de-* por *di-* empezou na P1 do pretérito de indicativo e, a partir de aí, foise estendendo, primeiro, ó resto do pretérito de indicativo e, despois, ás formas con *-ra*. Agora ben, o proceso de substitución aínda non culminou como se pode observar analizando a maneira de falar do informante principal de Nocedo do Val. Este home, na enquisa, respondeu que dicía *din* e *deches*, e, na gravación, usou *dese* no pretérito de subxuntivo e alternou *di-* (*diu parte dela*) e *de-* (*déronme*) no pretérito de indicativo. Como exemplos coa raíz *di-* en tempos distintos do pretérito de indicativo podo citar: *eu dírache cuartos* na enquisa complementaria de Nocedo do Val (No-1), *eu díralle* na enquisa complementaria de Marbán (Ma-1) e *quen dira* e *dírallo* na enquisa complementaria de Pepín (Pe-2).

As raíces de pretérito e de antepretérito con *di-* do verbo *dar* da fala do concello de Castrelo do Val figuran no cadro seguinte:

Cadro 9: Raíces di- do pretérito e do antepretérito de dar.

Lugar	P1 din	P3 diu	P6 diron	P5 distes	Raíz di- no antepretérito
Po					
Ca					
Sa					
VN					
Fo	+			+	
Vi					
Se	+				
SP	+		+		
Pi					
MV		+			
Pe	+				+
Ri	+				
Go	+		+		
Ma	+				+
No	+				+
CV	+				

2.4.6 Dicir

Nas enquisas do concello de Castrelo do Val, rexistrei os paradigmas do presente de indicativo do verbo *dicir* que recollo no seguinte cadro:

Cadro 10: Paradigmas do presente de indicativo do verbo dicir.

Lugar	P1	P2	P3	P4	P5	P6
Po	Digo	Dices	Dice	Dicimos	Dicindes	Dicen
Ca	Digo	Dices	Dice	Dicimos ou decimos	Dicís ou dicindes (ou decís ou decindes)	Dicen
Sa	Digo	Dices	Dice, di	Dicimos	Dicís	Dicen
VN	Digho	Dices	Dice	Decimos	Decís	Dicen
Fo	Digho	Dices	Dice, di	Dicimos	Dicís	Dicen
Vi	Digho	Dices	Dice, di	Decimos	Decís	Dicen

Os verbos anómalos ou de irregularidade propia 87

Cadro 10: Fortsetzung

Lugar	P1	P2	P3	P4	P5	P6
Se	Digho	Dices	Dice	Decimos	Decís	Dicen
SP	Digho	Dices	Dice	Decimos	Decís	Dicen
Pi			Dice			Dicen
MV			Dice			Dicen
Pe			Dice			
Ri	Digho	Dices	Dice	Decimos	Decís ou decindes	Dicen
Go	Digo	Dices	Dice, di	Dicimos	Dicís	Dicen
Ma	Digo ou digho	Dices	Dice	Decimos	Decís	Dicen
No	Digho	Dices	Dice	Decimos	Decindes	Dicen
CV			Dice			Dicen

Disto pode deducirse que domina a raíz *dig-*, pronunciada con gheada ou sen gheada, na P1 do presente de indicativo. Esta mesma raíz, con gheada ou sen gheada, é a que aparece no presente de subxuntivo (*diga, digas, diga, digamos, digais* ou *digandes, digan*).

Na P2, P3 e P6 do presente de indicativo domina, na actualidade, a raíz *dic-* (*dices, dice, dicen*). Agora ben, tamén rexistrei *di-*, especialmente en expresións impersoais do tipo *di que pintaron o sete cuela*, recollida na gravación da informante máis vella de Campobecerros (Ca-2). O informante principal de Nocedo (No-1) usa na gravación *dice* e *dices* ó lado de *di* (*di que estabas solo*). Un informante de Gondulfes (Go-2) tamén emprega *di* na gravación (*di que xa non hai unha vaca, di que meteron*). Unha informante de Pepín (Pe-2) usa nas gravacións *di* (*di que tiraban por el pra baixo, di que é temible*) e *dice* (*dice un, o que se dice*). A expresión *di que* semella que non chegou a fosilizarse tanto coma as expresións *disque* e *dizque*, recollidas tamén na fala do municipio de Castrelo do Val.

Tamén se utiliza *di-* cando esta forma vai unida a pronomes átonos. Recollín isto en Campobecerros (*e cueso dille ó alcalde, foi toda necia e dille*), en Sanguiñedo (*el dime*), en Fontefría (*dille*) e en Gondulfes (*e cueso dillo*). Así a todo, o uso de *di* non é obrigatorio. Así, por exemplo, a informante de Campobecerros nacida en 1911 (Ca-2) usou, ó lado de *e cueso dille*, *e cueso dícelle*.

Con respecto á P2, á P3 e á P6, a informante principal que enquisei en Campobecerros (Ca-1) manifestoume que agora se utilizaban *dices, dice* e *dicen* pero que os vellos de antes usaban máis *dis, di* e *din*. Os exemplos citados anteriormente con *di* parecen restos do antigo uso descrito pola miña informante.

Na P4 e na P5 do presente de indicativo domina *dic-* (*dicimos*, *dicís* ou *dicindes*) pero tamén hai falantes que usan *dec-*. As formas *decimos* e *decís* poden deberse a un proceso disimilatorio interno pero, así a todo, convén non esquecer que eses elementos disimilados son os normativos en castelán. A influencia do castelán nos falantes entrevistados que usan formas disimiladas só se dá na informante de Marbán (Ma-1) e, en moita menor medida, na de Ribas (Ri-1), pero os outros informantes, o de Veiga de Nostre (VN-1), o de Nocedo (No-1), a de Servoi (Se-1), a de San Paio (SP-1) e a de Vilar (Vi-1), son falantes moi pouco contaminados polo castelán. Isto levaríame a pensar que a influencia do castelán se situaría moi atrás no tempo. No entanto, esta hipótese non me parece moi boa pois, no século XIX, non había medios audiovisuais de masas que espallasen o castelán nestes lugares nin tampouco escolas regulares suficientes no concello[49] para espalla-lo castelán. Só un falante de Piornedo (Pi-4), nacido en 1971 e con estudos universitarios de filoloxía galega, que usou nunha gravación un infinitivo disimilado (*decilo*) podería valer para defende-la influencia do castelán. Así a todo, este dato non contradí o exposto antes e ademais este falante podería utilizar *decilo* non por influxo do castelán senón seguindo un dos modelos posibles da súa fala local.

O resto do paradigma con tema de presente non presenta ningunha particularidade fóra das disimilacións xa comentadas no presente de indicativo. O copretérito é *dicía*, o futuro de indicativo é *direi*, o pospretérito de indicativo é *diría* e o imperativo é *di* e *dicinde* / *decinde* ou *dicí* / *decí*. Residualmente, existen neste municipio a terminación *-de* para a P5 do imperativo e a terminación *-des* para a P5 que non sexa imperativo nin pretérito de indicativo.

A raíz de *perfectum* é en tódolos lugares a irregular *dix-*. A partir desta raíz pode reconstruírse o pretérito de indicativo (*dixen*, *dixeche* ou *dixeches*, *dixo*, *dixemos*, *dixestes*, *dixeron*), o antepretérito (*dixera*) e o pretérito de subxuntivo (*dixese*).

2.4.7 Estar

A cuestión en que me vou parar máis neste apartado é o presente de subxuntivo. A P1 do presente de subxuntivo deste concello pode ser *estea*, *estía*, *estí[ɛ]*, *est[iː]* e *esté* (vid. mapa 8). Como se pode observar, estas formas están en relación moi estreita coa P1 do presente de subxuntivo do verbo *dar*. Por esta razón non volvo repeti-las explicacións dadas naquela epígrafe (2.4.5). Paréceme interesante

---

49 Na metade do século XIX, segundo Madoz (s. v. *Campo de Becerros* –Santiago– e s. v. *Castrelo del Valle* –Sta. María–), había unha escola en Castrelo do Val e outra en Campobecerros. Por outra parte, Costa Rico (2004: 556), baseándose no Censo de 1764, afirma que había un sacerdote que lles daba clases a 6 estudantes en Piornedo.

comentar que diacronicamente se pode facer unha división entre dous elementos básicos: *estea* vs. *esté*. A forma latina STEM sufriu no latín vulgar a competencia de *ESTEAM (Alvar e Pottier 1987: 228), palabra que, deixando de lado o sufixo de número e persoa (-M), se reanaliza nunha raíz ESTE-[50], na cal se subsume a vogal característica do presente de subxuntivo da primeira conxugación (E), e a marca A, que indica o presente de subxuntivo dos verbos latinos que non son da primeira conxugación. Como resultado desta reanálise o presente de subxuntivo do tipo *estea* aparece caracterizado fronte ó presente de indicativo dobremente: por unha banda, ten unha raíz diferente (*est-* fronte a *este-*) e, por outra, leva unha marca vocálica que singulariza o presente de subxuntivo (*a*).

Mapa 8: Estía.

Maia (1997: 785–787) atestou na documentación medieval galegoportuguesa por ela expurgada a convivencia na Galicia oriental de formas do tipo *ste* e de

---

50   Lémbrese que Monteil (1992: 342) considerou que o verbo latino STARE era antigamente atemático.

formas do tipo *estia* / *ystia*. Estas atestacións obrigan a estudar con detalle se as variantes actuais do tipo *esté* do municipio de Castrelo do Val constitúen unha pervivencia ou unha reintrodución.

O signo *estea* transfórmase en *estía* debido a que, en hiato, o /e/ pechado tende a pecharse en /i/ para diferenciarse ó máximo da vogal en contacto. Ariza Viguera (1989: 40) dá como exemplos disto o paso de MEA a *mia* e a evolución da terminación do imperfecto de indicativo: -EBAT > -ea > -ía.

A palabra *estíe* fórmase a partir de *estía* debido a que o *a* final se harmoniza coa vogal tónica. A esa harmonización pode contribuí-lo feito de que as vogais átonas tenden a relaxarse articulatoriamente (*vid.* Alonso Núñez 2008a). A harmonización pode chegar a ser total (*estii* > *estí*). Supoño que *estía*, *estíe* e *estí* son formas antiquísimas.

O paso de *estíe* a *estí* tende a explicarse como resultado final dun paso intermedio con dous *i* pero tamén se podería pensar que os falantes articularon dende un principio un *i* longo /i:/. De tódolos xeitos, dende un punto de vista perceptivo, resulta difícil distinguir se se pronuncian dous *is* seguidos ou un *i* longo.

A palabra *estí* é, hoxe, un signo inanalizable que significa 'primeira persoa do presente de subxuntivo do verbo *estar*'. A falante de San Paio (SP-1) que utiliza *estí* tamén emprega *estiamos*.

Á vista dos resultados, o elemento *esté*, sexa un descendente directo de STEM ou non, é unha forma que se sente actualmente como prestixiada por coincidir co castelán normativo. O prestixio do castelán é o que fai que as persoas que teñen estudos prefiran *esté*. Cabe recordar que os falantes de menos de corenta anos do municipio investigado foron sometidos a un período de escolarización máis grande cós falantes máis vellos. Estes, en moitas ocasións, nunca foron á escola ou foron tan pouco que non conseguiron aprender a ler e a escribir con fluidez. Ningún dos enquisados empregou como única forma *esté*. Só os enquisados de Campobecerros (Ca-1), Pepín (Pe-1), e Castrelo do Val (CV-1) responderon con esta palabra na enquisa principal. Tamén usou *esté* na gravación un informante de Veiga de Nostre (VN-2) pouco contaminado polo castelán; polo contrario, o informante principal (VN-1) deste lugar respondeu *estea*. O enquisado de Pepín (Pe-1) tamén usou, na gravación, *esté*; en cambio, a súa irmá (Pe-2) empregou *estíe* na gravación. En Campobecerros, a enquisada (Ca-1) respondeu á cuestión formulada con *estea* e dixo que no lugar citado tamén se empregaban *estía*, *estíe* e *esté*. Segundo ela, estas formas xa as dicían os vellos de antes, os cales preferirían *estía*. En Pepín, o enquisado (Pe-1) manifestou que el empregaba máis *estea* e tamén afirmou que se dicían *esté* e *estía*. Esta última era para el máis vulgar, máis normal. En Castrelo do Val, a enquisada (CV-1) respondeu que usaba *esté* e *estea*.

Os enquisados do resto dos lugares responderon *estí* en San Paio (SP-1), onde a informante tamén respondeu con *estiamos*; *estea* en Nocedo do Val (No-1), Ribas (Ri-1), Marbán (Ma-1), Gondulfes (Go-1), Veiga de Nostre (VN-1) e Servoi (Se-1); e *estía* en Portocamba (Po-1), Fontefría (Fo-1), Piornedo (Pi-1) e Monteveloso (MV-1).

Un resumo do que acabo de explicar sobre o presente de subxuntivo no concello de Castrelo do Val figura no cadro seguinte:

Cadro 11: P1 do presente de subxuntivo de estar.

Lugar	Esté	Estea	Estía	Estíe	Estí
Po			+		
Ca	+	+	+	+	
Sa					
VN	+	+			
Fo			+		
Vi					
Se		+			
SP			+		+
Pi			+		
MV			+		
Pe	+	+	+	+	
Ri		+			
Go		+			
Ma		+			
No		+			
CV	+	+			

O presente de indicativo de tódolos lugares do concello estudado é *estou*, *estás*, *está*, *estamos*, *estais* ou *estandes* (ou *estades*), *están*. A análise de *estou* é, en sincronía, un signo inanalizable. Outra análise de *estou* consiste en segmentar unha raíz especial de P1 do presente de indicativo de estar (esto-) e unha terminación -*u* para a P1 do presente de indicativo. O alomorfo -*u* pódese explicar sen recorrer á fonoloxía diacrónica.

O resto das persoas tende a analizarse na lingüística galega da seguinte maneira: unha raíz *est*, unha vogal temática (*a*) e un sufixo de número e persoa.

Outra posibilidade consiste en non considerar este verbo como da primeira conxugación. En relación con isto, cómpre lembrar que o verbo latino STARE era, segundo (Monteil 1992: 342), antigamente atemático. Aínda considerando que *estar* é un verbo galego da C I na maioría das variantes que non se constrúen co tema de *perfectum*, o presente de subxuntivo do tipo *estea* non é propio da C I (*cf. cant-ø-e-ø*) nin tampouco é propio da C I ter acentuación aguda na P2, P3 e P6 do presente de indicativo. En definitiva, *estar* non é en galego un verbo prototípico da C I. Sobre a vogal temática véxase a epígrafe 2.2.1.

O imperativo é *está* e *estai* ou *estande*. O resto dos tempos de non perfecto tales como o copretérito (*estaba*), o futuro de indicativo (*estarei*) e o pospretérito de indicativo (*estaría*) poden analizarse ou ben sen vogal temática (*esta-ø-ba-ø*)[51] ou ben cunha raíz *est-* e unha vogal temática *a*.

A raíz de *perfectum* é *estuv-* en tódolos lugares do concello. Fernández Rei (1990: 95) considera esta raíz un castelanismo e di que é a raíz máis estendida dialectalmente do galego moderno. Dende o meu punto de vista, non se trata dun castelanismo. Eu coido que na adopción desta raíz influíu a atracción doutras raíces galegas de pretérito con *u* dos verbos *poder* (*pud-*), *pór* (*pux-*) e *ser* (*fu-*).

Os tempos de *perfectum* conxúganse da seguinte maneira: o pretérito é *estuven, estuveche(s), estuvo, estuvemos, estuvestes, estuveron*; o antepretérito é *estuvera* e o pretérito de subxuntivo é *estuvese*.

Para prestixia-la súa fala cunha forma normativa, algúns falantes deste concello usan variantes do tipo *estivera*. Como xa dixen antes (2.2.2.2), oínlle a unha falante de Pepín *estuve* para o contido 'estar + pretérito de indicativo + primeira persoa de singular'.

2.4.8 Facer

O infinitivo normativo *facer* é o que prefiren os falantes nas enquisas do concello de Castrelo do Val pero nas cintas consérvanse outros infinitivos como *fagher / faguer* e *faer*. En Piornedo, os enquisados manifestáronme que os vellos dicían *f[ɛ]r* e que, na actualidade, aínda podía haber xente que o usaba. En Piornedo, na primeira enquisa (Pi-1), respondéronme con *fer*, *faer* e *fagher* e non citaron *facer*. Pero a informante de Piornedo da enquisa complementaria (Pi-5) ofreceume, dende o meu punto de vista, a mellor información que se pode dar sobre isto: os vellos dicían *fer*, *faer* e *fagher* pero, cando ela se fixo moza, xa se

---

51 Esta segmentación é coherente coa propugnada para o presente de indicativo (*está-ϕ-ϕ-s*), sen vogal temática.

dicía máis *facer*. En Fontefría e en Vilar, só citaron na enquisa *fagher*. As respostas que teño no resto das enquisas sobre os infinitivos son: en Pepín, *facer*, como forma preferida, e *faer*; en Castrelo do Val, *facer*, como forma preferida, e *faer*; en Nocedo, *facere* e *faghere*; en Ribas, *facer*; en Veiga de Nostre, o informante deu como forma máis regular *facere* pero tamén usou a continuación *faemos*; en Servoi, *facere*[52]; en San Paio, *facer*; en Monteveloso, *facer*; en Portocamba, *facer*, *fagher* e a menos usual *faer*; en Gondulfes, *facer* pero a informante admitiu que tamén había quen dicía *faer*. Na gravación de Marbán, a informante empregou *facer*.

Semella, en consecuencia, que os falantes valoran como mellor forma *facer* fronte á arcaica *faguer* / *fagher*. Tamén parece evidente que hai recelos contra a forma *faer* e que os recelos son aínda maiores co infinitivo *fer*, no cal a vogal temática se amalgamou co lexema. Así a todo, convén mencionar que á preferencia na enquisa polo infinitivo *facer* puido contribuír que eu preguntaba sobre o verbo *facer*. Nas cintas, ademais de *facer* tamén aparecen outros infinitivos, que son menos usados polos novos.

Como veremos a continuación, a diversidade de raíces do infinitivo tamén se dá no presente de indicativo.

A P2 a P3 e a P6 do presente de indicativo son, en tódolos lugares do concello, *fas*, *fai* e *fan*, respectivamente.

A P1 do presente de indicativo é *fagho* ou *fago*. A variante sen gheada só a dan, na enquisa principal, as informantes de Castrelo do Val (CV-1) e Ribas (Ri-1), as cales residiron fóra de Galicia. Nas enquisas complementarias de Monteveloso (MV-2), Pepín (Pe-2) e Piornedo (Pi-5), as informantes usaron formas sen gheada; no entanto, noutras cuestións utilizaron variantes con gheada. O mesmo acontece coa informante principal de Ribas (Ri-1).

A P4 do presente de indicativo pode ser, neste concello, *facemos*, *faemos* e *faghemos* / *faguemos*. A forma maioritaria é *facemos*. Esta variante foi á única que responderon os enquisados de Castrelo do Val (CV-1), Veiga de Nostre (VN-1), Ribas (Ri-1), Servoi (Se-1), San Paio (SP-1) e Marbán (Ma-1). O enquisado de Portocamba (Po-1) respondeu con *facemos* pero tamén admitiu que dicía *faemos*. A palabra *faghemos* foi respondida polos enquisados de Nocedo (No-1) e Fontefría (Fo-1). De tódolos xeitos, isto non quere dicir que os falantes que responden na enquisa cunha forma non usen nas gravacións outras nin tampouco que neses lugares só exista a variante ou as variantes que responde o enquisado. En realidade, a situación de tódolos lugares debe parecerse moito

---

52   Na gravación de Servoi, a falante que enquisei (Se-1) usou *facer*, *fiemos* e *fieron*.

(ou debeu parecerse moito) ó que acontece en Campobecerros, onde a forma preferida é *facemos*, especialmente para os novos, pero tamén se usan *faemos* e *faghemos* / *faguemos*. *Faemos* incluso a usan falantes novos e *faghemos* / *faguemos* ten maior uso entre os falantes vellos.

A P5 do presente de indicativo presenta as mesmas raíces cá P4 do presente de indicativo. A P5 do presente de indicativo maioritaria na enquisa foi *faceis*. O enquisado de Nocedo (No-1) respondeu con *faghendes* e o de Fontefría (Fo-1) con *faghedes* e *faeis*. Pero isto non nos debe levar a pensar que existen grandes diferenzas de lugar a lugar, senón que a situación debe ser parecida ó que pasa en Campobecerros: as formas preferidas son *faceis* e *facendes* pero tamén se di *faeis, faendes, fagheis* / *fagueis, faghendes* / *faguendes* e incluso *facedes, faedes* e *faghedes* / *faguedes*. Igualmente, o falante de Fontefría, que acabo de citar, que, na enquisa, usou as terminacións *-des* (*faghedes*) e *-is* (*faeis*) para a P5 do presente de indicativo tamén podería usar *-ndes* como demostra o feito de que empregue *vós cantandes* na mesma enquisa.

O presente de subxuntivo deste concello é *fagha* ou *faga*, *faghas* ou *fagas*, *fagha* ou *faga*, *faghamos* ou *fagamos*, *faghais* / *faghandes* ou *fagais* / *fagandes*, *faghan* ou *fagan*. Para a P5 hai falantes no concello que conservan a terminación *-des*.

O copretérito de indicativo ten varias raíces: *fagh-* / *fagu-* (*faghía* / *faguía*), *fa-* (*faía*) e *fac-* (*facía*). A raíz que gaña nesta pugna é *fac-* pero as outras tamén aparecen nas gravacións que eu realicei.

O futuro de indicativo (*farei*) e o pospretérito de indicativo (*faría*) presentan na actualidade a raíz *fa-*. Agora ben, nunha análise morfolóxica diacrónica, *farei* analízase como o infinitivo *far* e a P1 do presente de indicativo de *haber* (h)*ei* e *faría* analízase como o infinitivo *far* e a forma reducida da P1 do copretérito de indicativo de *haber* (h)*ía*. Sobre o tema de futuro de indicativo e de pospretérito de indicativo véxase a epígrafe 2.2.2.

O imperativo é, en singular, *fai tu*, e, en plural, pode presentar tres raíces e tres terminacións de número e persoa: *facende vós, facei vós, facede vós, faende vós, faei vós, faede vós, faghende vós* / *faguende vós, faghei vós* / *faguei vós* e *faghede vós* / *faguede vós*.

A raíz de *perfectum* maioritaria, na actualidade, é *fix-*. O pretérito de indicativo que presenta esta raíz é: *fixen, fixeches* ou *fixeche, fixo, fixemos, fixestes, fixeron*. O informante principal de Nocedo do Val (No-1) manifesta que xa dicían así os vellos pero el emprega na cinta **fiéronnos**, que constitúe unha evolución de **fighéronnos**. Ademais de *fix-* tamén existen neste concello as raíces *figh-* (*figu-*), *fic-* e *fi-*.

A raíz *figh-* (*figu-*) rexistreina en Campobecerros, Servoi, Piornedo, Monteveloso, San Paio, Portocamba, Gondulfes, Fontefría, Sanguñedo e Vilar.

A raíz *fi-* rexistreina en Campobecerros, Nocedo do Val e Servoi. A raíz arcaica *fic-*, descendente directa da raíz latina clásica, atesteina en lugares da montaña (Campobecerros, Veiga de Nostre e Portocamba), na fala de San Paio e nunha falante de Pepín. En Campobecerros e en Portocamba, úsanse *fixen*, *fighen* / *figuen* e *ficen*. O informante enquisado de Veiga de Nostre (VN-1) respondeu na enquisa con *fixen*, *fixeches*, *fizo*, *ficestes*, *fixeron*. A informante de San Paio respondeu na enquisa con *fixen*, *fixeches*, *fixo*, *fixemos*, *fixestes*, *fixeron*, pero na cinta usou *ficen* e *figuen*. En canto á falante de Pepín (Pe-2) que usou *ficeron* nas gravacións, quizás axude a explicar este arcaísmo o feito de que seu pai fose de Campobecerros, onde aínda hoxe os falantes de mediana idade usan a raíz *fic-*. Taboada (1979b: 149) só cita nos paradigmas do val de Verín variantes coa raíz *fix-*.

As raíces de *perfectum* do verbo *facer* poden verse no seguinte cadro:

Cadro 12: Raíces de perfectum de facer.

Lugar	Fix-	Figh- (figu-)	Fi-	Fic-
Po	+	+		+
Ca	+	+	+	+
Sa	+	+		
VN	+			+
Fo	+	+		
Vi	+	+		
Se	+	+	+	
SP	+	+		+
Pi	+	+		
MV	+	+		
Pe	+			+
Ri	+			
Go	+	+		
Ma	+			
No	+		+	
CV	+			

Para crea-lo antepretérito de indicativo só fai falta uni-lo SMT -*[ɛ]ra*- coas raíces de pretérito citadas. Así, créanse *fixera*, a forma dominante, *fighera* / *figuera*, *ficera* e *fiera*.

Da mesma maneira, o pretérito de subxuntivo fórmase co SMT -*[ɛ]se*- e as raíces citadas: *fixese*, *fighese* / *figuese*, *ficese* e *fiese*. A foma *fixese* é a preferida. En lugar de considerar que o *e* de *fixera* e *fixese* é unha vogal temática, prefiro considerar que *era* e *ese* son alomorfos do SMT. Sobre estas cuestións véxanse as epígrafe 2.2.1, e 2.2.2.2.

2.4.9 Haber

A P1, a P2, a P3 e a P6 do presente de indicativo son *hei*, *has*, *hai* e *han* respectivamente.

Na P3 do presente de indicativo tamén se usa *ha* en expresións do tipo *ha dous anos*. Estas expresións arcaizantes, que tamén empregan falantes novos do concello, son restos fósiles da antiga forma *ha* antes de que se lle unise o *i* da forma actual *hai*. Este *i* pode pórse en relación co concepto de *participante* ou *función central* de García-Miguel (1995: 41–46). O participante, que é sempre valencial, intégrase no predicado mediante clíticos (*cf. hai* e *doulle*). Para García-Miguel, no castelán actual só serían funcións centrais o suxeito, o complemento indirecto e o complemento directo.

Para a P4 do presente de indicativo só me dixeron que usaban *habemos* os informantes enquisados de Campobecerros (Ca-1), San Paio (SP-1), Nocedo (No-1), Monteveloso (MV-1), Portocamba (Po-1) e Gondulfes (Go-1). Con todo, os enquisados respondían con outras formas ó lado de *habemos*. Así, por exemplo, o enquisado de Monteveloso utilizou *habemos tantos veciños* e *somos tantos veciños* e o de Nocedo empregou *habemos d´ir á festa* ó lado de *imos ir á festa*. O resto dos enquisados informáronme de que non usaban a forma *habemos*. No cadro que inserto a continuación pode verse *habemos* na fala do concello de Castrelo do Val.

Cadro 13: Presenza da forma habemos.

Informante	Habemos
Po-1	+
Ca-1	+
SP-1	+
MV-1	+
Go-1	+
No-1	+

Aínda que na enquisa non preguntei pola P5 do presente de indicativo do verbo *haber*, coa P5 do presente de indicativo debe acontecer algo parecido ó que pasa coa P4 do presente de indicativo.

A forma dominante do presente de subxuntivo no concello obxecto de estudo é *haxa* pero tamén se usan *haiga* e *haixa*. Os enquisados de Campobecerros (Ca-1), Monteveloso (MV-1) e Pepín (Pe-1) responderon, na enquisa principal, con dúas formas (*haxa* e *haiga*). Agora ben, os informantes de Campobecerros (Ca-1) e Pepín (Pe-1) mostraron predilección por *haxa*. Só responderon con *haxa* os informantes da enquisa principal de Veiga de Nostre (VN-1), Nocedo (No-1), Piornedo (Pi-1), Portocamba (Po-1), Gondulfes (Go-1) e Vilar (Vi-1) e os informantes da enquisa complementaria de Ribas (Ri-3), Servoi (Se-2), Marbán (Ma-1), Fontefría (Fo-3), San Paio (SP-2) e Sanguñedo (Sa-2 e Sa-5). Polo contrario, a persoa enquisada en Castrelo do Val (CV-1) deu como resposta *haixa*. Nas gravacións deste lugar non aparece o presente de subxuntivo de *haber*.

Un resumo da presenza dos diferentes tipos de presente de subxuntivo na fala investigada figura no cadro seguinte:

Cadro 14: Variantes do presente de subxuntivo de haber.

Informante	Haxa	Haiga	Haixa
Po-1	+		
Ca-1	+	(+) menos usual	
Sa-2, Sa-5	+		
VN-1	+		
Fo-3	+		
Vi-1	+		
Se-2	+		
SP-2	+		
Pi-1	+		
MV-1	+	+	
Pe-1	+	(+) menos usual	
Ri-3	+		
Go-1	+		
Ma-1	+		
No-1	+		
CV-1			+

O copretérito de indicativo (*había*), o futuro de indicativo (*haberei*) e o pospretérito de indicativo (*habería*) coinciden coas formas do galego normativo.

O pretérito de indicativo da fala do concello de Castrelo do Val é: *houben, houbeches* ou *houbeche, houbo, houbemos, houbestes, houberon*. Con todo, convén mencionar que a informante de Marbán (Ma-1), que residiu fóra de Galicia e que está algo influenciada polo castelán, usou *hubo*. Tamén usou *hubo* na gravación o informante que enquisei de Sanguñedo (Sa-1), quen traballou no estranxeiro e noutros lugares de Galicia e de España. Se se considera que *hubo* é un castelanismo, hai que admitir que xa afecta a falantes vellos deste concello. Así a todo, paréceme que se trata dun fenómeno interno de monotongación equiparable ás formas do tipo *truxo* que hai na área tudense. Esta hipótese podo apoiala cunha informante analfabeta de Sanguñedo (Sa-3), quen usa formas con *soup-* (*souperon*) e formas con *sup-* (*superan*), e co exemplo *oue* que Maia (1997: 770-773) rexistra en documentos galegoportugueses medievais en dous documentos da provincia de Ourense (Caldelas e Monterrei).

O antepretérito (*houbera*) e o pretérito de subxuntivo (*houbese*) constrúense coa mesma raíz (*houb-*) que aparece no pretérito de indicativo. Como se pode deducir do dito a propósito do pretérito de indicativo, existen falantes que fan estes tempos coa raíz *hub-* (*hubera* e *hubese*), a cal non ten que ser un castelanismo para tódolos falantes que a usen.

2.4.10 Ir

Considero que o verbo *ir* é atemático (*i-ø-r*) igual cós verbos *pór* (*po-ø-r*) e *ter* (*te-ø-r*). Para a consideración de *ir* como atemático véxase a epígrafe 2.2.1. O verbo *ir* ten como raíz básica de *infectum* ou de presente *i-* e como raíz básica de *perfectum* ou de perfecto *fo-*. Para o presente, tamén existe a raíz *va-*, a cal se transformou na P1 do presente de indicativo no signo inanalizable *vou*. Para o perfecto, tamén se usa a raíz *fu-*.

Os paradigmas de presente de indicativo recollidos nas enquisas do concello de Castrelo do Val aparecen no seguinte cadro:

Cadro 15: Paradigma do presente de indicativo de ir.

Lugar	P1	P2	P3	P4	P5	P6
Po	Vou	Vas	Vai	Imos	Indes	Van
Ca	Vou	Vas	Vai	Imos	Indes	Van
Sa				Imos	Indes	
VN	Vou	Vas	Vai	Imos	Ides	Van

Os verbos anómalos ou de irregularidade propia   99

Cadro 15:   Fortsetzung

Lugar	P1	P2	P3	P4	P5	P6
Fo	Vou	Vas	Vai	Vamos	Indes	Van
Vi	Vou	Vas	Vai	Vamos	Vais	Van
Se	Vou	Vas	Vai	Imos	Indes	Van
SP	Vou	Vas	Vai	Imos	Indes	Van
Pi				Imos	Indes	
MV				Vamos, imos	Vandes, indes	
Pe				Imos, vamos	Indes, vandes, vades	
Ri	Vou	Vas	Vai	Imos	Indes	Van
Go	Vou	Vas	Vai	Vamos	Indes	Van
Ma	Vou	Vas	Vai	Vamos	Indes	Van
No	Vou	Vas	Vai	Imos	Indes	Van
CV	Vou	Vas	Vai	Imos	Indes	Van

A P1, a P2, a P3 e a P6 do presente de indicativo do verbo *ir* neste concello son *vou, vas, vai* e *van* respectivamente.

Na P5 do presente de indicativo alternan dúas raíces (*i-* e *va-*) e tres sufixos de número e persoa (*-ndes, -is* e *-des*). A forma maioritaria e dominante nas enquisas é *indes*. Esta forma convive con outras nos diferentes lugares. Isto último comprobeino cando preguntei, nalgúns sitios, se se usaban outras formas para a P5 ademais de *indes*. Así, en Pepín, o entrevistado (Pe-1) respondeume *indes, vandes* e *vades* e a informante de Campobecerros (Ca-1) respondeu na enquisa con *indes* pero tamén recoñeceu que se dicía *vandes*. O falante de Veiga de Nostre (VN-1) respondeu coa forma conservadora *ides* pero tamén usou, no copretérito de *ir*, a terminación *-is* (*ibais*) e a terminación *-ndes* (*sondes, tendes*) no presente de indicativo doutros verbos. O informante de Monteveloso (MV-1) preferiu *vandes* a *indes*, o que significa, dende o meu punto de vista, que a comunidade lingüística desta aldea, ó preferir *vandes* a *indes*, pretende impor *vandes*. En conclusión, para a P5 a forma maioritaria é *indes*, a cal sofre a competencia da forma conservadora *ides*, que só usou un informante na enquisa, e das palabras cunha raíz innovadora *vais, vandes* e *vades*.

Imos, continuación no galego do latín IMUS, é a forma dominante na P4 do presente de indicativo, pero a competencia de *vamos*, palabra que presenta a raíz *va-* doutras formas do presente de indicativo, xa se dá nalgúns dos falantes entrevistados por min, os cales teñen certa idade. O informante principal de Pepín (Pe-1) usa *imos* e *vamos*, o falante que entrevistei na enquisa principal de Monteveloso (MV-1) manifestou que *vamos* era máis usual ca *imos* e os falantes de Marbán (Ma-1), Gondulfes (Go-1), Fontefría (Fo-1) e Vilar (Vi-1) só me responderon na enquisa principal con *vamos*. Disto último, pode deducirse que a raíz *va-* está máis asentada na P4 do presente de indicativo ca na P5 do presente de indicativo. Isto pode ser posto en relación coas variantes portuguesas normativas (*vamos, ides, vão*); agora ben, tamén é interesante apuntar que os falantes que usan *vamos* teñen, en xeral, máis contacto co castelán cós que usan *imos*. Aínda que non sempre sexa así, o uso de *vamos* pode ser un índice da exposición ó castelán que os falantes teñen. Como se pode deducir do explicado, os falantes novos deste concello usan máis *vamos* cós vellos, ou dito con outras palabras, os novos manteñen menos a palabra conservadora *imos* cós vellos. Así, por exemplo, a informante de Portocamba (Po-3) nacida en 1950 usa na cinta *vamos* (*vámolas vender tamén*).

O imperativo deste concello é *vai tu, inde vós*. Tamén hai algún falante que di *vande vós*. Así o fai, por exemplo, a persoa que enquisei en Marbán (Ma-1).

O presente de subxuntivo do municipio de Castrelo do Val é *vaia, vaias, vaia, vaiamos, vaiais* ou *vaiandes, vaian*. Tamén hai algúns falantes deste concello que empreguen *vaiades*. En consonancia coa análise morfolóxica que se fai para o castelán *vayas* (vay-ø-a-s), a análise morfolóxica de *vaias* no galego normativo presenta unha caracterización dobre: unha raíz xenuína (*vai-*) e unha vogal (*a*) que levan os verbos que non son da primeira conxugación no presente de subxuntivo. Lloyd (1993: 163) denomina a esta vogal *vogal temática* pero, en xeral, os lingüistas prefiren considerar que esta vogal é un sufixo modotemporal. Paréceme mellor analizar no galego normativo *vai-ø-a-s* ca propor unha vogal temática e analizar (*va-i-a-s*), xa que parto do suposto de que *ir* é un verbo atemático e xa que se acepta que tódolos presentes de subxuntivo non teñen vogal temática. Na fala do concello de Castrelo do Val, a análise morfolóxica de *vaias* é *va-ø-ia-s* debido a que nesta fala *-ia* é o SMT de presente de subxuntivo de moitos verbos que non son da C I. Para a análise dos sufixos modotemporais na fala do concello de Castrelo do Val véxase a epígrafe 2.2.2.

O futuro de indicativo (*serei*) e o pospretérito de indicativo (*sería*) non merecen un comentario detallado dado que coinciden coas formas do galego normativo.

O copretérito de indicativo predominante é do tipo *iba*; agora ben, o informante principal de Nocedo do Val (No-1) empregou *iamos* na gravación e respondeu *iba* na enquisa. Na fala do concello de Castrelo do Val, eu só lle oín a este falante unha variante deste tipo. O resto dos informantes entrevistados manifestáronme que eles non dicían *ía* e que tampouco o dicían os vellos de antes. Estes informantes non tiñan noticia da existencia desta forma neste concello. O informante (Pe-1) que entrevistei en Pepín díxome que *ía* era unha forma portuguesa. En relación con isto, convén comentar que tampouco existe nesta zona *is* ou *iis* para a P5 do presente de indicativo. Ante estes datos, parece evidente que, nun momento dado, a comunidade lingüística optou por mante-las formas conservadoras con consoante (*iba*) antes ca utilizar formas novas con moi pouco corpo fonético (*ía*). A forma *iba* componse da raíz *i*- e do SMT -*ba*. Tamén se pode pensar que *ía* non chegou nunca a consolidarse no concello estudado.

O pretérito de indicativo deste verbo é neste municipio: *fun, fuches* ou *fuche, foi, fomos, fostes, foron*. Na enquisa principal, só responderon coa palabra *fuche* a informante de Ribas (Ri-1), quen tamén usou na P2 do pretérito de indicativo palabras con -*s* (*oíches, saliches, viñeches*, etc.), e o informante de Portocamba (Po-1), quen usou formas de P2 sen -*s* na enquisa (*comiche, soupeche*). Tamén respondeu *fuche* a informante da enquisa complementaria de Piornedo (Pi-5), quen utilizou tamén *cantache* e *cantaches, colliches, dixeches*, etc. Así pois os falantes máis vellos deste concello están substituíndo a forma conservadora *fuche* por *fuches*. Os falantes novos deste concello, de momento, aínda continúan usando *fuche* pero tamén empregan *fuches*, forma que está gañando na pugna.

O antepretérito (*fora*) e o pretérito de subxuntivo (*fose*) constrúense coa mesma raíz (*fo-*) que aparece na P3, P4, P5 e P6 do pretérito de indicativo e non coa raíz *fu-* da P1 e da P2 do pretérito de indicativo.

Paréceme interesante sinalar que, ó preguntarlle á informante principal de Campobecerros (Ca-1) polo pretérito de subxuntivo, respondese que usaba *fose, foses, fose, fosen*, que daba igual usar eses elementos ca *fora, foras, fora, foran*, que para a P4 só utilizaba *fóramos* ou *foramos*, e que para a P5 só empregaba *forais* ou *forandes*.

2.4.11 Ler

Para o verbo *ler* vou explicar *grosso modo* o que expliquei para *crer*. O verbo *ler* é un verbo atemático (*le-ø-r*) no galego tradicional do concello de Castrelo do Val (*vid*. epígrafe 2.2.1). Algunhas formas deste verbo poden ter vogal temática (*le-e-u*) nesta fala. Estas últimas variantes son inusuais ou pouco usuais para os falantes con pouca instrución cultural. Así, por exemplo, estes falantes que acabo de mentar non é probable que usen *leía*.

O presente de indicativo de *ler* é *leo, les, le, lemos, lendes* (*ledes*) e *len*. Co tema de presente *le-* pode refacerse o presente de subxuntivo (*lea*), o futuro de indicativo (*lerei*), o pospretérito de indicativo (*lería*), o infinitivo conxugado (*leres*), o xerundio (*lendo*) e o imperativo. Este último é *le, lende* (*lede*). O participio deste verbo é *lido*. O copretérito de indicativo presenta variantes do tipo *lía, lías, lía*, etc.

O pretérito de indicativo de *ler* conxúgase así: *lin, liche(s), leu, lemos, lestes, leron*. A raíz *le-* e o SMT *-ra-* forman o antepretérito de indicativo *lera*, forma que tamén se pode empregar como pretérito de subxuntivo. Este último tempo ten unha forma específica (*lese*).

2.4.12 Oír

Na actualidade, as persoas deste concello usan como infinitivo *oír* pero varios informantes de diferentes lugares informáronme que os vellos de antes dicían *ouvir*. O infinitivo *ouvir*, que debeu existir en todo o concello por se-lo propio do convento bracarense (*vid.* mapa 308 do ALGA I), dixéronme que o dicían os vellos de antes de Campobecerros, Portocamba, Veiga de Nostre, Piornedo e Pepín. Tamén me informaron de que os vellos de Piornedo dicían *eu ouvo*. Supoño que aqueles falantes que tiñan o verbo *ouvir* o conxugaban conforme o modelo regular C IIIb *partir* (*vid.* epígrafe 2.2.4).

Os lugares do municipio de Castrelo do Val onde rexistrei o verbo *ouvir* como existente na actualidade ou no pasado aparecen no seguinte cadro:

Cadro 16: O verbo ouvir.

Lugar	Ouvir
Po	+
Ca	+
VN	+
Pi	+
Pe	+

O paradigma dominante neste concello do presente de indicativo é *oio, oes, oe, oímos, oís* ou *oíndes, oen*.

Para a P1 do presente de indicativo ademais de *oio*, tamén rexistrei *oigo* nas enquisas de Pepín, Marbán e Gondulfes. A palabra *oigo* tamén llela teño oído a outros falantes deste concello, por exemplo, ós de Campobecerros, de onde eu son.

Para a P2 do presente de indicativo ademais de *oes*, tamén rexistrei *oies* en Campobecerros e *o[ǰ]es* en falantes con certo contacto co castelán. O verbo *oír* é un verbo temático (*o-í-r*). A análise morfolóxica de *o[ǰ]es* é a seguinte: *o[ǰ]-e-ø-s*.

Para a P3 do presente de indicativo ademais de *oe*, tamén recollín *oie* e *o[ǰ]e* en Campobecerros. Esta última forma presenta a raíz irregular *o[ǰ]-*.

Para a P5 do presente de indicativo ademais de *oís* e *oíndes*, tamén hai algún falante que esporadicamente di *oídes*.

Para a P6 do presente de indicativo, ademais de *oen*, tamén atestei *oien* e *o[ǰ]en* en Campobecerros.

Para o presente de subxuntivo, ademais das formas do tipo *oia*, tamén se usan por todo o concello de Castrelo do Val as variantes do tipo *oiga*. A raíz deste último elemento (*oig-*) coincide coa raíz castelá deste verbo. Incluso, nas enquisas, o informante de Pepín (Pe-1) respondeume con *oia*, a forma máis normal para el, e con *oiga*; a informante de Castrelo do Val (CV-1) deume como primeira resposta *oiga* e dubidou se tamén dicía *oia*.

O imperativo é *oe* ou *oie* ou *o[ǰ]e*[53] e *oínde* (ou *oí*). O resto dos tempos de non perfecto son os seguintes: o copretérito é *oía*, o futuro é *oirei* e o pospretérito de indicativo é *oiría*.

O pretérito de indicativo deste verbo é nesta zona: *oín*, *oíches* ou *oíche*, *oíu*, *oímos*, *oístes* e *oíron*.

A partir do tema de pretérito *oi-* pode reconstruírse o antepretérito (*oíra*) e o pretérito de subxuntivo (*oíse*).

2.4.13 Poder

Con respecto á P1 do presente de indicativo e ó presente de subxuntivo deste verbo, recollín os seguintes datos: en Campobecerros, *podio* e *podo* para a P1 do presente de indicativo e *podia* e *poda* para o presente de subxuntivo; en Pepín, o informante (Pe-1) respondeume con *podo*[54] e díxome que a xente que "sabía menos" dicía *podio*; en Castrelo do Val, *podio* para a P1 do presente de indicativo e *podia* para o presente de subxuntivo; en Nocedo, *podo* para a P1 do presente de indicativo e *podia* para o presente de subxuntivo; en Ribas, *podo* para a P1 do presente de indicativo na enquisa (Ri-1) e na gravación e *poda* para o presente de subxuntivo; en Servoi, *podio* para a P1 do presente de indicativo e *podia* para

---

53   Esta forma usouna na gravación, por exemplo, unha informante de Campobecerros nacida en 1940 (Ca-3).
54   A irmá (Pe-2) deste informante usou, na cinta, *podo* e, na enquisa complementaria, *podo* e *podio* e *podia* e *poda*.

o presente de subxuntivo; en San Paio, *podio*, forma recollida na gravación, para a P1 do presente de indicativo e *podia*, forma recollida na enquisa (SP-1), para o presente de subxuntivo; en Marbán, *podo*, forma recollida na enquisa e na gravación, para a P1 do presente de indicativo e *podia* e *poda* para o presente de subxuntivo; en Piornedo, dúas das persoas enquisadas manifestáronme que empregaban *podio* e que *podo* se dicía menos, a outra persoa enquisada comunicoume que empregaba máis *podo* ca *podio* e, por último, tódalas persoas enquisadas deste lugar comunicáronme que usaban *podia* e que *poda* se utilizaba menos; en Veiga de Nostre, recollín *podio* e *podia* para a P1 do presente de indicativo e para o presente de subxuntivo respectivamente; en Monteveloso, rexistrei *podio* para o presente de indicativo e *podia* para o presente de subxuntivo; en Portocamba, recollín *podio*, na enquisa (Po-1), e *podo*, na cinta, para a P1 do presente de indicativo e *podia* para o presente de subxuntivo; en Gondulfes, *podo*, forma recollida na enquisa (Go-1) e nas gravacións, para a P1 do presente de indicativo e *podia*, forma recollida na enquisa e nas gravacións, para o presente de subxuntivo; en Fontefría, para a P1 do presente de indicativo, *podio*, elemento recollido na enquisa (Fo-1) e nas gravacións, e *podo*, elemento recollido na gravación, e, para o presente de subxuntivo, *podia*; en Sanguñedo, *podio* para a P1 do presente de indicativo e *podia* para o presente de subxuntivo; en Vilar, para a P1 do presente de indicativo, *podio*, forma recollida na enquisa (Vi-1) e na gravación, e, para o presente de subxuntivo, *podia*, forma recollida na enquisa (Vi-1).

Un cadro resumo da P1 do presente de indicativo e da P1 do presente de subxuntivo na fala estudada preséntoo a continuación:

Cadro 17: P1 do presente de indicativo e do presente de subxuntivo de poder.

Lugar	Podo	Podio	Poda	Podia
Po		+		+
Ca	+	+	+	+
Sa		+		+
VN	+	+		+
Fo	+	+		+
Vi		+		+

Cadro 17: Fortsetzung

Lugar	Podo	Podio	Poda	Podia
Se		+		+
SP		+		+
Pi	+	+	+	+ menos usual
MV		+		+
Pe	+	+	+ menos usual	+
Ri	+		+	
Go	+			+
Ma	+		+	+
No	+			+
CV		+		+

Ante estes datos, parece evidente que o verbo *poder* refixo nesta zona a P1 do presente de indicativo e a P1 do presente de subxuntivo coa vogal *i* que caracterizaba a terceira conxugación mixta latina (CAPIO, CAPIAM). As formas con *i* son as dominantes tanto na P1 do presente de indicativo coma en todo o presente de subxuntivo. As formas con *i* aparecen como únicas nas enquisas de Castrelo do Val, Servoi, San Paio, Veiga de Nostre, Sanguñedo, Monteveloso e Vilar. Ademais, en Piornedo e en Campobecerros, as persoas enquisadas preferiron as formas con *i*. Todo isto lévame a pensar que hai un proceso de substitución lingüística en curso neste concello que está máis avanzado na P1 do presente de indicativo (*podo* en vez de *podio*) ca no presente de subxuntivo (*poda* en vez de *podia*). Chego a esta conclusión porque, se se analizan os datos de, por exemplo, Marbán, pode observarse como a substitución lingüística comezou polo presente de indicativo, xa que a persoa enquisada deste lugar usou na P1 do presente de indicativo *podo* pero dixo que empregaba na P1 do presente de subxuntivo *podia* ou *poda*. Ademais, no presente de subxuntivo, só o falante de Ribas non usou na enquisa *podia*; no entanto, o resto dos informantes usaron *podia*. Por contra, na P1 do presente de indicativo, os informantes principais de Pepín (Pe-1), Nocedo (No-1), Ribas (Ri-1), Marbán (Ma-1) e Gondulfes (Go-1) só utilizaron *podo*. O feito de que todos estes lugares estean no val significa que a substitución está máis avanzada no val ca na montaña. No val, só rexistrei *podio* en dous lugares: a informante de Castrelo (CV-1) utilizou *podio* na enquisa e a informante da enquisa complementaria de Pepín (Pe-2) empregou *podo* e *podio*. Que a substitución lingüística empezou pola P1 do presente de indicativo tamén o podo corroborar cos datos de Cerdedelo, lugar do concello de Laza próximo a Portocamba. En Cerdedelo, o informante que enquisei manifestoume que usaba *podo* para a P1 do presente de indicativo e *podia* para o presente de subxuntivo.

En resumo, o presente de indicativo no concello analizado é: *podio* ou *podo*, *podes*, *pode*, *podemos*, *podeis* ou *podendes*, *poden*. O presente de subxuntivo neste concello é: *podia* ou *poda*, *podias* ou *podas*, *podia* ou *poda*, *podiamos* ou *podamos*, *podiais* / *podiandes* ou *podais* / *podandes*, *podian* ou *podan*. Para a P5 do presente de indicativo e do presente de subxuntivo tamén existen neste municipio variantes coa terminación *-des*.

O copretérito (*podía*), futuro de indicativo (*poderei*) e o pospretérito de indicativo (*podería*) deste concello coinciden coas formas do galego normativo.

O pretérito de indicativo dominante no municipio de Castrelo do Val é *puden*, *pudeches* ou *pudeche*, *pudo*, *pudemos*, *pudestes*, *puderon*. A un falante de Fontefría escoiteille usar *puiden*.

Coa raíz *pud-* pode reconstruírse o antepretérito (*pudera*) e o pretérito de subxuntivo (*pudese*) deste verbo.

2.4.14 Pór / poñer

No concello investigado, o infinitivo conservador[55] *pór* é o dominante. Só recollín *poñer* nos seguintes lugares do concello: en Ribas, onde o informante da enquisa complementaria (Ri-3) usou *pór* e *poñer* e onde a informante principal (Ri-1) usou *poñer* na gravación; en Pepín, onde o informante principal (Pe-1) usou *poñer* (*poñer unha pega*) na gravación; en Gondulfes, onde a informante da enquisa complementaria (Go-4) respondeu *pór* pero despois admitiu que se dicía tamén *poñer*[56]; en Castrelo do Val, onde a informante principal (CV-1) respondeu *pór* e *poñer* e onde o informante nacido en 1921 (CV-2) usou na gravación *poñer* e *ó porse o sol*; en Veiga de Nostre, onde a filla (VN-6) do informante principal respondeu *pór* e despois dixo que se dicía tamén, aínda que menos, *poñer*; e en Campobecerros, onde a informante principal (Ca-1) admitiu que, ademais de *pór*, tamén se dicía *poñer*. Se se parte da hipótese de que o verbo *poñer* se caracteriza por presentar unha vogal temática (*e*) e unha raíz *poñ-* (*poñ-e-r*) mentres que *pór* carece de vogal temática e ten como raíz *po-* (*po-ø-r*)[57], entón tamén se pode supoñer que o verbo *poñer* o rexistrei en Servoi,

---

55   Considero *poñer* como infinitivo innovador porque se creou a partir da raíz *poñ-*.
56   Cómpre indicar que o informante de Gondulfes (Go-2) usou *pór* na gravación.
57   Esta análise xa a defendía Said Ali (1971: 154). Véxase para esta análise a epígrafe 2. 2. 1.

onde o informante da enquisa complementaria (Se-2) usou *poñemos* e *poñeis*; en Monteveloso, onde a informante da enquisa complementaria (MV-2) usou *pór, poñiamos, poñemos* e *pómolo*; e en Marbán, onde recollín na gravación da informante única (Ma-1) *pór* e *poñémolo*. En cambio, non documentei o infinitivo innovador *poñer* nin ningunha outra forma propia deste verbo en Portocamba, Sanguñedo, Fontefría, Vilar, Piornedo e San Paio. De tódolos xeitos, non é descartable que haxa algún falante nestes lugares que use o infinitivo innovador.

Eu sempre dixen e sempre escoitei en Campobecerros *pór, apor, traspor* e *compor*. Isto mesmo foi o que respondeu o marido e o fillo da informante principal de Piornedo. No entanto, a informante principal de Campobecerros (Ca-1) manifestoume que ela prefería *apor*, que xa había falantes de antes que utilizaban *apoñer* e *supoñer* e que se empregaba sempre *traspor*. A filla (VN-6) do informante principal de Veiga de Nostre mostrou preferencia por *apor*, admitiu que tamén había falantes que usaban *apoñer* e dixo que só se empregaba *traspor*. A informante principal de Castrelo do Val (CV-1) manifestou que se dicía *apoñer* e *traspoñer*, aínda que ela e os demais falantes de alí preferían *apor* e *traspor*.

O presente de indicativo deste verbo non llelo preguntei a tódolos informantes da enquisa principal porque cría que tódolos falantes do concello usaban *pór*. Avanzada a investigación, deime conta de que con este verbo se estaba operando un cambio lingüístico. Para emenda-la miña falta de información, preguntei por el en enquisas complementarias e ademais analicei detalladamente a información que había nas gravacións sobre este verbo.

A P1 do presente de indicativo é *poño* en tódolos lugares do concello.

Para a P2 do presente de indicativo dise *pos* en tódolos lugares do concello. Así a todo, hai que mencionar que un informante de Veiga de Nostre (VN-7), que agora reside en Campobecerros, tamén usa, ademais de *pos, pois* para a P2 do presente de indicativo. En cambio, o informante da enquisa complementaria de Veiga de Nostre (VN-2) respondeu *pos* como única forma.

Como P3 do presente de indicativo recollín *pon* en tódolos lugares do concello. En Veiga de Nostre, unha informante que gravei díxome que ela dicía *el p[ɔ]i* e *eles p[ɔ]i* pero *el ten, eles tei, el vén* e *eles vei*. Polo contrario, os outros informantes de Veiga de Nostre usaron *pon*. En Sanguñedo, onde tamén existe *el tei* e *el vei*, tamén lle oín a un falante nacido alí *el p[ɔ]i*.

No cadro que inserto a continuación recollo a presenza da P2 *tu pois* e da P3 *el poi* no concello de Castrelo do Val.

Cadro 18: Presenza da P2 tu pois e da P3 el poi.

Lugar	P2 tu pois	P3 el poi
Sa		+
VN	+	+

No concello obxecto de estudo, a forma dominante para a P4 do presente de indicativo é *pomos*. Algúns falantes do concello usan a forma innovadora *poñemos*. Recollín este elemento na enquisa complementaria de Servoi (Se-2); na enquisa complementaria de Monteveloso (MV-2), onde a informante tamén usou *pomos*; na gravación da única informante de Marbán (Ma-1), quen na enquisa respondeu *pór* e *porei*. A informante principal de Campobecerros, quen preferiu *pomos*, admitiu que tamén se dicía *poñemos*. Por outra parte, a pesar de que, en Ribas e en Gondulfes, os informantes da enquisa complementaria (Ri-3 e Go-4) admitiron que tamén se usaba *poñer*, na enquisa, responderon *pomos* para a P4 do presente de indicativo. Da mesma maneira, os informantes da enquisa complementaria de Nocedo do Val (No-3, No-4 e No-5) deron como resposta *pomos* a pesar de que un deles admitiu que dicía *poñer* ademais de *pór*. Todo isto lévame a pensar que *poñemos* ten pouca presenza neste concello pois, salvo o informante da enquisa complementaria de Servoi (Se-2), non hai ningún outro informante que use *poñemos* como forma exclusiva. Así a todo, a resposta deste informante non significa que, se eu o gravase, non lle recollese tamén a palabra *pomos*.

A forma dominante que rexistrei para a P5 do presente de indicativo foi *pondes*. Só a informante principal de Campobecerros (Ca-1) respondeu que, ademais de *pondes*, tamén se dicía *podes*. Polo contrario, o informante da enquisa complementaria de Veiga de Nostre (VN-2) afirmou que só dicía *pondes* para a P5. A pesar disto, considero que é preferible pensar que hai falantes que tamén usan *podes* noutros lugares deste concello que non sexan Campobecerros.

Para a P6 do presente de indicativo as formas dominantes son *poñen* e *pon*. Tamén recollín para a P6 *p[ɔ]ien, p[ɔ]i* e *p[ɔ]in*. A P6 deste verbo hai que relacionala coa P6 dos verbos atemáticos *ter* e *vir*.

Eles poñen recollino nas enquisas complementarias de Nocedo do Val (No-3, No-4, No-5), Gondulfes (Go-4), Ribas (Ri-3), Servoi (Se-2), San Paio (SP-2) e Monteveloso (MV-2). Tamén recollín *poñen* (*póñenlle*) na gravación de Marbán. En Castrelo do Val tanto a informante principal (CV-1) coma outra muller (CV-3), nacida en 1929, dixéronme que só dicían *eles poñen*. Agora ben, posteriormente, a informante principal de Castrelo admitiu que tamén dicía *eles pon*.

Nas enquisas principais de Vilar (Vi-1), Campobecerros (Ca-1) e Pepín (Pe-1) recollín *eles pon* e *eles poñen*. *Eles pon* recollino nas enquisas complementarias de Portocamba (Po-4 e Po-5) e Fontefría (Fo-3); no entanto, nestes lugares tamén existe *eles poñen*.

En Veiga de Nostre, atestei *poñen*, *p[ɔ]i* e *p[ɔ]in*. *Poñen* foi a forma que respondeu o informante da enquisa complementaria (VN-2) e a filla do informante principal (VN-6), *p[ɔ]i* foi usada por outros dous informantes deste lugar. A un deles (VN-7) que agora vive en Campobecerros oínlle *eles p[ɔ]i* e *el pon*. A outra informante (VN-4), a quen gravei, oínlle *eles p[ɔ]i* e *el p[ɔ]i*. A filla (VN-6) do informante principal de Veiga de Nostre, quen preferiu *poñen*, tamén admitiu que dicía algo *eles p[ɔ]in*.

Recollín *p[ɔ]ien* na enquisa complementaria de Sanguñedo (Sa-5) e na enquisa principal (Pi-1) e complementaria (Pi-5) de Piornedo. En Piornedo, a forma tradicional é *eles p[ɔ]ien* pero os informantes tamén admiten que se di *eles poñen*. Na gravación de Sanguñedo, unha informante usou *eles p[ɔ]i*. En Sanguñedo, tamén existe *poñen* e é moi posible que existan *poin* –polo menos como pronuncia relaxada de *p[ɔ]ien*– e *pon* dado que tamén existen *tein* e *ten*. Nunha cinta que me prestaron, un informante de Piornedo dixo *outras p[ɔ]inos en chourizuelos*. A palabra que este informante usou para a P6 pode ser *p[ɔ]i* ou *p[ɔ]in*. Opto por pensar que usou *p[ɔ]in* porque este mesmo informante empregou como P6 de *ter tein*. En relación con isto, cómpre considerar que o marido da informante principal pronunciaba *p[ɔ]ien* cun *e* moi relaxado e o seu fillo manifestoume que usaba como P6 deste tempo *p[ɔ]in*.

Os datos dados sobre a P6 do presente de indicativo na fala estudada aparecen resumidos no seguinte cadro:

Cadro 19: P6 do presente de indicativo de pór.

Lugar	Eles pon	Eles poñen	Eles poin	Eles poi	Eles poien
Po	+	+			
Ca	+	+			
Sa	Probable	+	Probable	+	+
VN		+	+	+	+
Fo	+	+			
Vi	+	+			
Se		+			
SP		+			

(*fortgeführt*)

Cadro 19: Fortsetzung

Lugar	Eles pon	Eles poñen	Eles poin	Eles poi	Eles poien
Pi		+	+		+
MV		+			
Pe	+	+			
Ri		+			
Go		+			
Ma		+			
No		+			
CV	(+) menos usual	+			

En resumo, neste concello, o paradigma dominante do presente de indicativo é *poño, pos, pon, pomos, pondes, poñen* (ou *pon*). En Cerdedelo, lugar do concello de Laza próximo a Portocamba, o paradigma é *poño, pos, pon, pomos, podes, pon*. O cambio con respecto a Portocamba radica en que o informante de Cerdedelo non usou para a P5 a terminación *-ndes*; no entanto, no ALGA I hai terminacións en *-ndes* en O22b Cerdedelo, punto que o ALGA usou como secundario de O22 Campobecerros. Con respecto a outros lugares do concello de Castrelo do Val, tamén é interesante destacar que, o informante de Cerdedelo só citou *pon* como forma de P6.

O imperativo do concello estudado é *pon* e *ponde*. Tamén hai algúns falantes deste concello que din *pode*.

O presente de subxuntivo deste municipio é *poña, poñas, poña, poñamos, poñais* ou *poñandes* (ou *poñades*), *poñan*. Este tempo aparece caracterizado cunha vogal diferente do presente de indicativo (*a*), vogal que se acostuma considerar sufixo modotemporal, e ademais cunha raíz diferente doutros tempos de non perfecto. Por exemplo, *poñas* presenta unha raíz diferente (*poñ-*) en Campobecerros cá P2 do presente de indicativo (*po-ø-s*), cá P2 do futuro de indicativo (*po-rá-s*), cá P2 do copretérito (*puñ-a-s*), etc. Con este último tempo a diferenza radica en ter unha raíz diferente.

O futuro de indicativo dominante e case único da fala estudada é *porei*. Só un dos informantes da enquisa complementaria de Nocedo do Val (No-5) respondeu *poñerei*. Agora ben, non é descartable que haxa falantes doutros lugares nos que exista *poñer* que tamén digan *poñerei*.

O pospretérito de indicativo dominante e case único deste concello é *poría*. Só o informante máis novo da enquisa complementaria de Nocedo do Val

(No-5) usou *poñería* ó lado de *poría*. Pode que haxa falantes doutros lugares do concello que tamén empreguen *poñería*. Pero o mellor que se pode dicir sobre isto é que a raíz *poñ-* só a usa para face-lo pospretérito de indicativo e o futuro de indicativo aquel falante que usa como infinitivo *poñer*. Así, se se dese o caso de que un falante usase sempre *poñer* en vez de *pór*, o máis probable é que ese falante tivese tamén a raíz *poñ-* no pospretérito de indicativo e no futuro de indicativo. De tódolos xeitos, convén matizar que non atopei ningún informante que me dixese que non usaba *pór* e que só empregaba *poñer*.

O copretérito de indicativo dominante deste concello é *puña*, *puñas*, *puña*, *puñamos*, *puñais* ou *puñandes* (ou *puñades*), *puñan*. No copretérito, a raíz *poñ-* do verbo *poñer* só a rexistrei en Monteveloso, onde lle oín á informante da enquisa complementaria (MV-2) *poñiamos* a pesar de que na enquisa respondeu *pór*, *porei*, *poría*. Así a todo, é posible que haxa algún falante noutros lugares do concello estudado que use esta raíz entre aqueles que utilizan o infinitivo *poñer* ou algunha das súa formas con vogal temática *e* en vez de *pór*. En relación con isto, é evidente que os falantes que digan *poñería* ou *poñerei* tamén poden dicir *poñía*. A informante principal de Castrelo do Val (CV-1) admitiu que dicía *puñía* ademais de *puña*. Esta informante dubidou se pronunciaba con [o] ou con [u] o copretérito pero, ó final, optou por [u]. No caso de que pronuncie *puñía*, o son [o] pechouse por influxo do [i] tónico.

A presenza da raíz *poñ-* do verbo *poñer* en *poñemos*, *poñer* e *poñiamos* na fala do municipio de Castrelo do Val figura no cadro que vén a continuación. Nel tamén inclúo a forma *puñía*.

Cadro 20: Presenza do verbo poñer.

Lugar	Poñemos	Poñer	Poñiamos	Puñía
Ca-1	(+) menos usual			
Se-1	+			
MV-2	+		+	
Ri-3		+		
Go-4		+		
Ma-1	+			
No-5		+		
CV-1				+

O pretérito de indicativo dominante neste municipio é *puxen*, *puxeches* ou *puxeche*, *puxo*, *puxemos*, *puxestes*, *puxeron*. O pretérito de *pór* ou de *poñer* distínguese do presente respectivo non só por ter unhas desinencias especiais senón tamén por ter unha raíz diferente (*pux-* fronte a *po-* ou *poñ-*).

Coa raíz *pux-* pode reconstruírse o antepretérito (*puxera*) e o pretérito de subxuntivo (*puxese*) deste verbo.

2.4.15 Querer

O presente de indicativo ten, neste concello, como paradigma dominante *quero, queres, quere, queremos, quereis* ou *querendes* (ou *queredes*), *queren*.

Como P3 do presente de indicativo algúns vellos deste concello aínda usan a palabra arcaica *quer*; no entanto, os novos ou ben descoñecen esta palabra ou ben só a usan en expresións fosilizadas. Taboada (1979b: 149) daba como P3 deste verbo, no val de Verín, *quere* e *quer*. A informante de Campobecerros nacida en 1911 (Ca-2) usou na gravación *quer*. Esta palabra aínda a digo eu en frases feitas do tipo *se Dios quer*. Esta última expresión tamén admitiron dicila os informantes principais de Monteveloso (MV-1) e Piornedo (Pi-1), os cales responderon na enquisa *el quere*. O informante principal de Pepín (Pe-1) respondeu que dicía de dúas maneiras: *el quer* e *el quere*. O informante principal de Nocedo do Val (No-1) respondeu *quere* na enquisa pero, despois de moito indagar, manifestoume que os vellos de antes dicían *el quer* (*el quer unha taza de leite*).

O exposto sobre a P3 pode verse no seguinte cadro:

Cadro 21: Presenza de quer.

Informante	El quer	Si /se Dios quer
Ca-2	+	
MV-1		+
Pi-1		+
Pe-1	+ (xunto con quere)	
No-1	(+) os vellos de antes	

O presente de subxuntivo deste concello é *queira, queiras, queira, queiramos, queirais* ou *queirandes* (ou *queirades*), *queiran*. Este presente de subxuntivo parece unha innovación xa que a forma etimolóxica *quera* existe en expresións do tipo *comoquera* (*faino comoquera, comoquera que o faga*, etc.) e *ondequera* (*ondequera que vaia nunca será bo*). *Quera* aparece nas *Cantigas de Santa María* ó lado de *queira* (Nunes 1975: 331). Para Williams (1975: 237) *QUAERIAM substituíu a QUAERAM pero, á vista dos datos citados, a substitución non foi completa. O presente de subxuntivo innovador (*queira*) con respecto ó latín clásico hipercaracterizouse xa que presenta, ademais do SMT *a* típico do presente de subxuntivo dos verbos que non seguen o modelo de *cantar*, unha raíz diferente das outras deste verbo (*queir-* fronte a *quer-* e *quix-*).

O imperativo é *quere, querende* ou *querei*. Tamén pode haber algún falante que empregue *querede*.

O copretérito de indicativo (*quería*), o futuro de indicativo (*quererei*) e o pospretérito de indicativo (*querería*) coinciden coas formas do galego normativo e non precisan, en consecuencia, ser comentadas.

O pretérito de indicativo dominante na fala estudada é *quixen, quixeches* ou *quixeche, quixo, quixemos, quixestes, quixeron*. O pretérito de indicativo oponse ó presente de indicativo dobremente: por un lado, posúe desinencias especiais (*-en, -eche(s), -o, -emos, -estes, -eron*) e, por outro, posúe unha raíz diferente (*quix-*) da do presente de indicativo (*quer-*).

Coa raíz *quix-* pode reconstruírse o antepretérito (*quixera*) e o pretérito de subxuntivo (*quixese*) deste verbo.

2.4.16 Rir

O verbo *rir*, sen vogal temática (*ri-ϕ-r*), é o propio do galego tradicional do municipio de Castrelo do Val. Só os falantes castelanizados usan o verbo *reír*. Para a atematicidade do verbo *rir* véxase a epígrafe 2.2.1.

O presente de indicativo de *rir* é *río, ris, ri, rimos, rindes* (*rides*) e *rin*. Para proba-la irregularidade deste verbo, obsérvese, por exemplo, que a P2 e a P6 do presente de indicativo da C IIIa e da C IIIb teñen vogal temática *-e-* (*part-e-ϕ-s, part-e-ϕ-n, viv-e-ϕ-s* e *viv-e-ϕ-n*); no entanto, *rir*, en lugar de conxugarse *ri-e-ϕ-s* e **ri-e-ϕ-n*, presenta no galego tradicional do concello estudado as formas reducidas *rí-ϕ-ϕ-s* e *ri-ϕ-ϕ-n*.

Co tema de presente *ri-* pode refacerse o presente de subxuntivo (*ría*) o futuro de indicativo (*rirei*), o pospretérito de indicativo (*riría*), o infinitivo conxugado (*rires*), o xerundio (*rindo*) e o imperativo. Este último é *ri, rinde* (*ride*). O participio é *rido*. O copretérito de indicativo consta dunha raíz *ri-* e un SMT *-a-* (*ría*).

O pretérito de indicativo de *rir* pode analizarse morfoloxicamente da seguinte maneira: *ri-ø-n, ri-ø-che(s), ri-ø-u, ri-ø-mos, ri-ø-stes, ri-ø-ron*. Coa raíz de pretérito *ri-*, coincidente co tema de pretérito (ou de *perfectum*), pode refacerse o antepretérito de indicativo (*rira*) e o pretérito de subxuntivo (*rise*). Convén lembrar que as formas do tipo *rira* compiten coas formas do tipo *rise* para expresa-los valores propios do pretérito de subxuntivo.

2.4.17 Saber

As irregularidades do verbo *saber* danse no presente de indicativo, no presente de subxuntivo e no tema de *perfectum*.

O presente de indicativo é, en tódolos lugares do concello obxecto de estudo, *sei, sabes, sabe, sabemos, sabeis* ou *sabendes* (ou *sabedes*), *saben*. No presente de subxuntivo, alternan *s[ε]pa* e *s[ε]pia*. Segundo o informante da enquisa principal de Pepín (Pe-1), usan *sepia* (*vid*. mapa 9) aqueles falantes "que saben menos". Nas enquisas principais de Ribas (Ri-1) e de San Paio (SP-1), recollín *sepia* como única forma. As dúas informantes enquisadas en Ribas e en San Paio eran vellas e ademais a informante de Ribas só residira de moza algúns anos en Barcelona e a de San Paio non vivira fóra da súa aldea. O informante da enquisa complementaria de Ribas (Ri-3), quen se casou en Gondulfes e vive en Gondulfes, usou *sepa* e dixo que non recordaba que os vellos de antes dixesen *sepia*. Obtiven a mesma resposta na enquisa complementaria de Vilar (Vi-4). Neste lugar, un home nacido en 1959 (Vi-4) e fillo dun home de Vilar e dunha muller de San Paio díxome que sempre se dixera *sepa* alí e que el nin lle oíra *sepia* ó seu avó. En cambio, a informante principal (Vi-1) aseguroume que se dicía *sepia* e *sepa*.

Os verbos anómalos ou de irregularidade propia   115

Mapa 9: Eu sepia.

Nas enquisas principais de Campobecerros (Ca-1), Pepín (Pe-1), Vilar (Vi-1), Piornedo (Pi-1), Portocamba (Po-1), Sanguñedo (Sa-1) e Monteveloso (MV-1), manifestáronme que usaban *sepa* e *sepia*. Nestes lugares, a forma que se está impondo é *sepa* mentres que *sepia* só a usan algúns falantes e outros din que esa era a palabra que utilizaban os vellos. No resto dos lugares (Castrelo do Val, Veiga de Nostre, Servoi, Fontefría, Gondulfes, Nocedo e Marbán), respondéronme *sepa* na enquisa principal (CV-1, VN-1, Se-1, Fo-1, Go-1, No-1 e Ma-1). Así a todo, outros informantes destes lugares tamén admitiron usar *sepia*. Así, por exemplo, outro informante ó que lle realicei unha entrevista complementaria en Veiga de Nostre (VN-2), díxome que usaba *sepia*. A substitución de *sepia* por *sepa* está relacionada coa substitución da terminación *-ia* por *-a* nos verbos que seguen o modelo de *partir*.

Un cadro que resume a distribución da P1 do presente de subxuntivo do verbo *saber* na fala do municipio de Castrelo do Val figura a continuación.

Cadro 22: Distribución de s[ɛ]pia e s[ɛ]pa.

Lugar	S[ɛ]pia	S[ɛ]pa
Po	(+) Po-1 Menos usual	+ Po-1
Ca	(+) Ca-1 Menos usual	+ Ca-1
Sa	(+) Sa-1 Menos usual	+ Sa-1
VN	(+) VN-2 Menos usual	+
Fo		+ Fo-1
Vi	(+) Vi-1 Menos usual	+ Vi-1, Vi-4
Se		+ Se-1
SP	+ SP-1	
Pi	(+) Pi-1 Menos usual	+ Pi-1
MV	(+) MV-1 Menos usual	+ MV-1
Pe	(+) Pe-1 Menos usual	+ Pe-1
Ri	+ Ri-1	+ Ri-3
Go		+ Go-1
Ma		+ Ma-1
No		+ No-1
CV		+ CV-1

Coa raíz *sab-* pode reconstruírse o copretérito de indicativo (*sabía*), o futuro de indicativo (*saberei*), o pospretérito de indicativo (*sabería*) e o imperativo (*sabe, sabei* ou *sabende*).

O tema de perfecto é *soup-* en tódolos lugares do concello. Desta maneira, o pretérito de indicativo é *soupen, soupeches* ou *soupeche, soupo, soupemos, soupestes, souperon*; o antepretérito é *soupera* e o pretérito de subxuntivo é *soupese*. Unha informante (Sa-3) usou na gravación de Sanguñedo *superan* ó lado de *souperon*. Esta monotongación de *ou* en *u* que fai esta informante analfabeta de

Sanguñedo (Sa-3) non se debe ó castelanismo equivalente *supieran*. Este caso hai que poñelo en relación co uso de *hubo* que fai o informante principal de Sanguñedo (Sa-1) e coas formas do tipo *truxeran* que hai na área tudense.

2.4.18 Saír / Salir

A xuventude do concello estudado só coñece o verbo *salir*. Algúns informantes principais das miñas enquisas só usaron o verbo *salir* e nunca escoitaron na súa aldea *saír*. O verbo *salir* é o único que coñecen os informantes principais de Portocamba (Po-1), Vilar (Vi-1), Castrelo do Val (CV-1), Nocedo do Val (No-1)[58], Ribas (Ri-1), Servoi (Se-1), San Paio (SP-1) e Marbán (Ma-1). O informante de Fontefría (Fo-1) manifestou que el utilizaba *salir* e que ó mellor algún vello dicía *saír*. Os outros informantes principais, é dicir, o de Pepín (Pe-1), o de Monteveloso (MV-1), a de Piornedo (Pi-1), a de Gondulfes (Go-1), o de Sanguñedo (Sa-1) e a de Campobecerros (Ca-1) responderon, na enquisa, *salir* pero admitiron que os vellos de antes dicían *saír*. Na gravación de Campobecerros, a informante máis vella (Ca-2), nacida en 1911, usou *saír* e *saíu*; en cambio, a súa filla (Ca-3) empregou *salía*. Na gravación de Castrelo do Val, o informante nacido en 1921 (CV-2) empregou *saía* (*entón saía todo o mundo*). Taboada (1979b: 183) recolleu *saíron* no apéndice de transcrición fonética dun falante vello de Pepín; polo contrario, outra informante máis nova de Pepín usou *salir* (Taboada 1979b: 198). Na gravación de Sanguñedo, a muller (Sa-2) do informante principal utilizou *salir* e *saír*.

A continuación recollo nun cadro o que acabo de expor:

Cadro 23: Presenza do verbo saír.

Lugar	Salir	Saír
Po	+ Po-1	
Ca	+ Ca-1	(+) Ca-1 os vellos de antes Ca-2
Sa	+ Sa-1	(+) Sa-1 os vellos de antes Sa-2
VN		
Fo	+ Fo-1	(+) Fo-1 probable
Vi	+ Vi-1	
Se	+ Se-1	

(*fortgeführt*)

---

58   O informante de Nocedo do Val (No-1) respondeu *salire*.

Cadro 23: Fortsetzung

Lugar	Salir	Saír
SP	+ SP-1	
Pi	+ Pi-1	(+) Pi-1 os vellos de antes
MV	+ MV-1	(+) MV-1 os vellos de antes
Pe	+ Pe-1	(+) Pe-1 os vellos de antes
Ri	+ Ri-1	
Go	+ Go-1	(+) Go-1 os vellos de antes
Ma	+ Ma-1	
No	+ No-1	
CV	+ CV-1	+ CV-2

O resto do paradigma de *saír* neste concello pódese reconstruír facilmente no presente de subxuntivo (*saia*), no copretérito de indicativo (*saía*), no futuro de indicativo (*sairei*), no pospretérito de indicativo (*sairía*), no pretérito de indicativo (*saín*), no antepretérito de indicativo (*saíra*) e no pretérito de subxuntivo (*saíse*).

Para reconstruí-lo presente de indicativo e o imperativo tiven en conta unha gravación de Campobecerros feita arredor de 1977. Nesta gravación que me prestaron, un informante, nacido en 1908, usou *sae* como P3 e *san* como P6. Tendo en conta os datos anteriores, é moi posible que o presente de indicativo tivese o seguinte paradigma na fala estudada: *saio, sas, sai* ou *sae, saímos, saíndes* ou *saís* (ou *saídes*), *san*. O paradigma do imperativo no concello de Castrelo do Val debía ser: *sae* ou *sai, saí* ou *saínde* (ou *saíde*).

En canto ó verbo *salir*, merece un comentario detallado a P1 do presente de indicativo e o presente de subxuntivo.

A P1 do presente de indicativo é *salio* para tódolos informantes principais, excepto para a de Castrelo (CV-1), quen respondeu *salgo*. Na gravación de Monteveloso, o informante principal (MV-1) usou *salgo* a pesar de que, na enquisa, respondeu *salio*. Tamén é moi probable que en Gondulfes estea empezando a agromar *salgo* xa que a informante principal (Go-1), aínda que respondeu *salio*, tamén usou *valgo* e *valio*.

No cadro que inserto a continuación recollo a presenza de *salgo* no concello de Castrelo do Val:

Cadro 24: Presenza de salgo.

Informante	Salgo
MV-1	+ gravación
Go-1	+ probable (usou valgo)
CV-1	+ enquisa

O resto do presente de indicativo é *sales, sale, salimos, salindes* ou *salís* (ou *salides*[59]), *salen*.

Deixando de lado o castelanismo *salgo* que comeza a aparecer timidamente neste concello, o verbo *salir* conxúgase segundo o modelo conxugacional de *partir* desta zona, o cal ten na P1 do presente de indicativo a terminación conservadora *-io*. Igualmente, o presente de subxuntivo presenta a terminación *-ia* nas enquisas principais de tódolos lugares do concello, excepto na de Castrelo do Val (CV-1), onde lle recollín á informante principal *salga*, forma que tamén lle oín a outra informante de Castrelo do Val máis vella cá principal (CV-3). Agora ben, aínda que, en Castrelo do Val, non recollín nas miñas pescudas *salia* nin *salio*, o máis probable é que o diga alguén. Cómpre lembrar que, na gravación de Castrelo do Val, o informante nacido en 1921 (CV-2) usou *saía*.

Nesta zona, o imperativo de *salir* é *sale* e *salinde*. Tamén hai falantes que poden usa-la forma irregular *sal* para a P2 e *salí* ou *salide* para a P5.

En canto ó resto do tema de presente, cabe subliñar que o futuro de indicativo (*salirei*), o pospretérito de indicativo (*saliría*) e o copretérito de indicativo (*salía*) non presentan ningunha particularidade e coinciden cos paradigmas característicos do modelo conxugacional de *partir*.

O verbo *salir* presenta, neste municipio, a mesma raíz para os tempos de non perfecto e para os tempos de perfecto. Ó te-la mesma raíz (*sal-*), a distinción entre uns tempos e outros estabécese exclusivamente coas terminacións que se engaden a esa raíz.

Coa raíz *sal-* e as terminacións características do modelo conxugacional de *partir* (*-ín, -iche(s), -iu, -imos, -istes, -iron*) pódese reconstruí-lo pretérito de indicativo deste verbo: *salín, saliche(s), saliu, salimos, salistes, saliron*. Co tema *sali-* pode refacerse o antepretérito de indicativo (*salira, saliras, salira, saliramos, salirais* ou *salirandes* –ou *salirades*–, *saliran*) e o pretérito de subxuntivo (*salise, salises, salise, salisemos, saliseis* ou *salisendes* –ou *salisedes*–, *salisen*).

---

59   A informante principal de Castrelo do Val (CV-1) e o informante principal de Veiga de Nostre (VN-1) responderon *salides*.

Para a P4 e a P5 tamén hai variantes con acentuación esdrúxula. Ten pouco uso tanto a terminación -*de* da P5 coma as formas con -*se* da P4 e da P5.

2.4.19 Ser

O presente de indicativo ten como formas dominantes en tódolos lugares do concello *son, eres, é, somos, sondes, son*.

Para a P2 do presente de indicativo, a informante de Campobecerros nacida en 1911 (Ca-2) empregou na gravación *es*. Esta palabra (*es*), para un informante de Pepín (Pe-1), dicíana as persoas de antes. Para este informante, estas persoas estaban mortas case todas no momento da enquisa. As enquisadas de Piornedo (Pi-1 e Pi-5) tamén me dixeron que os vellos dicían *es* e que aínda hoxe se podía oír *es* nese lugar.

Para a P5 do presente de indicativo, tódolos entrevistados responderon coa forma innovadora *sondes*. Agora ben, nunha gravación de Campobecerros que non forma parte da investigación atestei *sodes*. Tamén é posible que o informante principal de Veiga de Nostre (VN-1) puidese usar *sodes*, xa que empregou na súa enquisa bastantes variantes rematadas en -*des* (*ides, vides, salides, cantabades*, etc.). Para máis detalles sobre a P5 véxase a epígrafe 2.2.3.

O presente de subxuntivo é *sea, seas, sea, seamos, seais* ou *seandes* e *sean* en tódolos lugares do concello[60]. Para a entrevistada de Gondulfes (Go-1), *sexa* tira a palabra portuguesa.

A palabra *sea* non me parece un castelanismo, senón unha creación analóxica feita coa raíz *se-*, que aparecía no infinitivo medieval (*se-e-r*) e que aparece tamén no infinitivo anómalo actual (*se-ø-r*), e semellante ó presente de subxuntivo de *estar este-ø-a* e de *dar de-ø-a*. Cómpre lembrar que neste municipio tampouco existe como presente de subxuntivo *estexa* nin *esteña*. En apoio dunha hipótese autóctona de *sea* podo aducir que Maia (1997: 828–830) rexistrou esta forma, de tipo castelán-leonés para ela, nos documentos medievais galegoportugueses de mediados do século XIII.

Outra posible interpretación consistente en pensar que SEDIA deu no concello de Castrelo do Val *sea* e non *sexa* parece contradicirse coa evolución de VIDEAM en *vexa*. Agora ben, esta interpretación podería valer en caso de que non se expliquen os cambios lingüísticos ó xeito tradicional. Así, puido suceder que *sexa* e *sea* alternasen no pasado e que terminara por consolidarse neste concello *sea* mentres que *sexa* se consolidou no portugués normativo e noutras

---

60 A palabra *sea* case é unha conxunción en usos correlativos do tipo *sea pola mañá, sea pola tarde*.

zonas do galego. Agora ben, tamén hai que ter en conta que *vexa* permaneceu neste concello sen eliminación da consoante palatal.

Tivese a orixe que tivese, a utilización de *sea* permite que o verbo *ser* teña unha raíz menos (*sex-*). A P1 do presente de indicativo tampouco conservou esta raíz xa que non perviviu a forma *sejo* (< *SEDEO)[61], senón a forma continuadora do verbo ESSE *son* (< SUM). Este último feito ten bastante peso xa que, dende o meu punto de vista, as probabilidades de que *sexa* se conservase no galego deste municipio[62], subirían moito se a P1 do presente de indicativo fose *sexo*. Por outra parte, se se mantivese *sexa*, o verbo *ser* tería no galego estudado unha raíz máis (*sex-*). Isto, aínda admitindo que non é un argumento definitivo, seméllame máis un inconveniente ca unha vantaxe.

O copretérito (*era*), o futuro de indicativo (*serei*) e o pospretérito de indicativo (*sería*) coinciden cos do resto do galego.

A P2 do imperativo é, nuns lugares, *se* e, noutros, *sen* (*vid.* mapa 10). A forma dominante é *se*, a cal aparece nas enquisas principais de Campobecerros (Ca-1), Pepín (Pe-1), Ribas (Ri-1), Veiga de Nostre (VN-1), Marbán (Ma-1), Portocamba (Po-1), Castrelo do Val (CV-1) e Gondulfes (Go-1). Na enquisa complementaria de Vilar (Vi-4) recollín *se*; en cambio, a informante principal de Vilar (Vi-1), quen só residiu durante un tempo noutro lugar do concello, respondeu *sen*. Responderon coa palabra *sen*, ademais da informante principal de Vilar, as informantes principais de Servoi (Se-1) e de San Paio (SP-1). Tamén me responderon *sen* as informantes das enquisas complementarias de Piornedo (Pi-5) e de Monteveloso (MV-2). Tamén atestei *sen* en Fontefría. O signo *sen* paréceme unha evolución de *sei*, forma derivada de *see*, continuadora da forma latina SĔDĒ. A evolución a [e] está en consonancia coa evolución de SĔDERE a *ser*, palabra que tamén ten vogal pechada. Non obtiven resposta para a P2 do imperativo

---

61 A palabra *sejo* foi documentada por Williams (1975: 241) como forma arcaica. Este autor supón para *sejo* o étimo *SEDEO.

62 Admito que esta forma existiu no sueste galego partindo de que Maia (1997: 828) recolleu formas do tipo *seiã*, *sseia* e *sseiã* nesta zona. Agora ben, esta admisión fágoa con moita cautela xa que, por un lado, estas grafías non representan necesariamente un son prepalatal e, por outro lado, textos dun determinado lugar poden ser redactados por persoas doutro lugar diferente dialectalmente. En relación coas grafías, Maia (1997: 468–472) sostén que as consoantes africadas e fricativas palatais se escriben nos textos medievais expurgados por ela coas grafías: *gi*, *yy*, *yi*, *gh*, *i*, *j*, *y* e *g*.

nas enquisas de Fontefría (Fo-1) e Sanguñedo (Sa-1)[63]. Agora ben, atestei *sen* na fala de Fontefría.

Mapa 10: Sen 'P2 imperativo de ser'.

Os datos sobre a P2 do imperativo do verbo *ser* aparecen resumidos no seguinte cadro:

---

63 Ó preguntar pola P2 do imperativo en Fontefría, a persoa entrevistada (Fo-1) díxome *ser valente* e *faite valente*. En Sanguñedo, o señor entrevistado (Sa-1) contestou con *faite valente*.

Cadro 25: P2 do imperativo do verbo ser.

Lugar	'P2 imperativo' Se	'P2 imperativo' Sen
Po	+ Po-1	
Ca	+ Ca-1	
Sa	Non se usa	Non se usa
VN	+ VN-1	
Fo		(+)
Vi	+ Vi-4	+ Vi-1
Se		+ Se-1
SP		+ SP-1
Pi		+ Pi-5
MV		+ MV-2
Pe	+ Pe-1	
Ri	+ Ri-1	
Go	+ Go-1	
Ma	+ Ma-1	
No	Sen datos	Sen datos
CV	Se CV-1	

A forma *sende* é a predominante para a P5 do imperativo. Tamén se usa neste concello *sede*. A variante *sei* non a atestei entre os meus informantes. Tampouco a atestou Taboada (1979b: 144) no val de Verín. Este autor só recolleu *sende* e *sede*. Agora ben, a palabra *sei* debeu existir na fala de toda a comarca verinesa. Esta afirmación apóioa en que foi recollida no mapa 370 do ALGA I no punto da comarca verinesa O25 Cualedro e noutros puntos próximos desta comarca tales como O28 Calvos de Randín e O24 A Mezquita. As formas *sende*, *sede* e *sei* son o resultado da evolución fonética. A forma latina SEDETE pasou a *seede* e esta tivo dúas evolucións. Nunha delas, houbo unha crase vocálica (*sede*); na outra, creouse un ditongo (*seide*). A forma *seide* debeu dar orixe a *sende*. A evolución puido se-la seguinte: *seide* pronunciouse cunha resonancia nasal tan grande (*seĩde*) que se fixo percepcible para os falantes (*seinde*). O paso de *seinde* a *sende* explícase a través dunha simplificación silábica (véxase Alonso Núñez 2016).

O paso de *seide* a *sende* tamén se pode postular para os falares miñotos, onde Gonçalves (s. d.: 45–50) recolleu nas décadas de 1930 / 1940 como desinencias para a P5 do presente de indicativo: -*des* (*aflegides*), -*is* (*dezeis*), -*ndes* (*alumeiandes*) e -*indes* (*staindes*). Estes datos dos falares do Alto Miño apoian a hipótese que acabo de formular para *sende*.

Por outra parte, o signo *sede* empezou a te-la competencia de *sei*, forma na cal despois de caer o *-d-* intervocálico se produciu un ditongo. Agora ben, a variante reducida *sei* puido ser incrementada co sufixo de número e de persoa *-de* (*sei* + *de*). A palabra resultante *seide* puido transformarse en *sende* seguindo os pasos que hipoteticei antes. Así pois, a evolución final de *seide* e de *sede* é *sende*. De aí que *sende* sexa a forma predominante na fala do concello de Castrelo do Val. Elementos con *i* como o de *seide*, usábanos os vellos de Campobecerros, entre eles o meu avó. Todo o que expliquei pode verse resumido no seguinte esquema:

Cadro 26: Evolución de sende.

SEDETE > *seede* > *seide* > *seīde* / *seinde* > *sende*
SEDETE > *seede* > *sede* > **see*[64] > *sei* → *sei* + *de* = *seide* > *seīde* / *seinde* > *sende*

Os tempos de perfecto deste verbo, ó seren coincidentes cos do verbo *ir*, xa os vimos (2.4.10). Así a todo quero apuntar aquí que hai algúns falantes que aínda manteñen para a P2 de pretérito unha forma sen *-s* (*fuche*).

Coa raíz *fo-* pode reconstruírse o antepretérito (*fora*) e o pretérito de subxuntivo (*fose*). Paréceme interesante sinalar que, ó preguntarlle á informante principal de Campobecerros (Ca-1) polo pretérito de subxuntivo, respondeume que usaba *fose*, *foses*, *fose*, *fosen*, que daba igual usar eses elementos ca *fora*, *foras*, *fora*, *foran*, que para a P4 só utilizaba *fóramos* ou *foramos*, e que para a P5 só empregaba *forais* ou *forandes*.

2.4.20 Ter

O presente de indicativo predominante do concello obxecto de análise é *t[e]ño*, *t[ɛ]s*, *t[ɛ]n*, *t[e]mos*, *t[e]ndes*, *t[ɛ]n* ou *t[ɛ]ñen*. Así a todo, na fala deste concello, existen outras variantes para o presente de indicativo que quizás desaparezan co tempo, xa que os enquisados mostran unha clara preferencia polas formas que acabo de citar.

A P1 e a P4 son *teño* e *temos*, respectivamente, en tódolos lugares do concello.

Para a P2, os enquisados responderon, en tódolos lugares do concello, *t[ɛ]s*. Incluso deu esta resposta o enquisado de Veiga de Nostre (VN-1), quen era fillo

---

64 Williams (1975: 242) presupón **see* como forma precedente do portugués arcaico *sei*.

dunha muller de Parada da Serra[65] e quen vivira algúns anos da nenez en Parada da Serra; no entanto, un irmán seu (VN-7), nacido en Veiga de Nostre, residente en Campobecerros na actualidade e emigrante en Suíza dez anos, aínda usa algunhas veces *tu teis*. A informante principal de Campobecerros (Ca-1), nacida en 1936, díxome que ela acordaba a vellos de Campobecerros que dicían *tu teis*. O informante da enquisa complementaria de Veiga de Nostre (VN-2), o cal non é descendente de familiares directos de Parada da Serra, tamén lles escoitou ós vellos de antes de Veiga de Nostre dicir *tu teis*. Isto pode querer dicir que existiron nestes lugares dúas evolucións da forma medieval *tēes*. Unha forma que crea un ditongo do hiato (*teis*) e outra que amalgama as dúas vogais idénticas (*tes*). Outra posible interpretación, que é a que eu prefiro, consiste en supoñer que primeiro houbo ditongo (*teis*), forma residual neste concello, e despois desapareceu a vogal temática (*tes*). As dúas formas *teis* e *tes* tamén existen na área tudense (*vid.* mapa 371 do ALGA I), que é unha zona que tamén pertenceu ó convento bracarense e que na actualidade se considera unha área lateral do galego. Ademais do dito, fai verosímil esta segunda interpretación o feito de que no bloque oriental se conserve a forma máis vella (*teis*)[66]. Quero dicir con isto que no bloque oriental se conservan moitos elementos arcaicos porque é unha área lateral do galego común.

Para a P3 do presente de indicativo, recollín *el ten* nas enquisas principais de Campobecerros (Ca-1), Pepín (Pe-1), Castrelo do Val (CV-1), Veiga de Nostre (VN-1), Nocedo do Val (No-1), Ribas (Ri-1), Servoi (Se-1), San Paio (SP-1), Marbán (Ma-1), Portocamba (Po-1), Gondulfes (Go-1), Fontefría (Fo-1), Sanguñedo (Sa-1) e Vilar (Vi-1). En Piornedo, só preguntei sobre isto na enquisa complementaria e a informante (Pi-5) deu como resposta *el ten*. En Monteveloso, non preguntei sobre isto na enquisa principal pero, na gravación, o mesmo informante (MV-1) da enquisa usou *el ten* e *eles tein*. En Veiga de Nostre, na enquisa complementaria (VN-2), o informante manifestou que dicía *el tei* e *el ten*. Despois de obter este dato, observei que os irmáns do enquisado principal de Veiga de Nostre (VN-3, VN-5 e VN-7) usaban con moita frecuencia *el tei* e *eles tei*. Na fala destes informantes, *tei* é unha palabra indescompoñible que indica 'terceira persoa do presente de indicativo tanto singular coma plural do

---

65 Alonso Núñez (2002) rexistrou *teis* en Parada da Serra, onde usan o caracterizador do bloque oriental -*is* (*cais*). Parada da Serra é un lugar do municipio da Gudiña (Ourense).

66 En relación con esta simplificación silábica que acabo de explicar, Gonçalves (s. d.: 24) recolleu no falar miñoto *bás* en lugar do portugués padrón *vais* e *andame* en lugar de *andaime*.

verbo *ter*'. Para saber se *tei* é singular ou plural cómpre coñece-lo contexto. A informante principal de Campobecerros (Ca-1) aseguroume que, nesa aldea, había falantes vellos de antes, que non eran fillos de falantes do bloque oriental, que dicían *el tein*. En Sanguñedo, na enquisa complementaria (Sa-5 e Sa-2), responderon *el ten* pero un dos enquisados (Sa-5) usou ó longo da entrevista *el tei*. Nas gravacións de Sanguñedo, tamén rexistrei *el ten* e *el tei*. Esta última forma é a máis frecuente na gravación doutra informante (Sa-4) deste lugar. Na gravación doutra informante de Sanguñedo (Sa-3), atestei *ten* e *tein*. Este último elemento recollino na secuencia *tei[n]alí* con *n* alveolar. Nun exemplo desta informante, foime moi difícil percibir se pronunciaba *tein* ou *ten*. Nas primeiras audicións, parecíame oír *tein* pero ó final decidinme pola pronuncia *ten*. A miña dificultade perceptiva quizás se deba a que a falante pronuncia unha determinada forma con variantes tan pouco diferenciadas, que pode darse o caso de que ela só admita que di dunha única maneira debido a que tódalas variantes lle parecen iguais. En relación con isto, é interesante revisa-los mapa 371, 372 e 374 do ALGA I. No mapa 372, rexístrase *t[e]in* no punto 33a, Santiago de Lóuzara (Samos), dentro do territorio de *t[ɛ]n*.

A perspectiva *emic* do falante e do oínte é a que importa para a categorización lingüística (véxase Eco 1977; 1984; 1992; 1999) e son estas percepcións tan flexibles, que acabo de comentar, as que dan lugar ós cambios lingüísticos. Convén lembrar que Piaget (1967: 31) insiste na noción de estrutura como xeradora de continuas transformacións: cada estrutura remítenos ás estruturas precedentes pero tamén a algúns mecanismos operativos que traballan por debaixo destas[67].

No cadro que vén a continuación inserto as formas diferentes de *tu tes* e *el ten* recollidas no concello de Castrelo do Val:

Cadro 27: Formas diferentes de tu tes e el ten.

Lugar	Tu teis	El tei	El tein
Ca	(+) Ca-1 os vellos de antes		(+) Ca-1 os vellos de antes
Sa		+ Sa-4	+ Sa-5
VN	+ VN-7	+ VN-2	

---

67 Bybee (2004) considera os mecanismos do cambio como universais lingüísticos.

Para a P5 a forma dominante en tódolos lugares é *vós tendes*. Agora ben, na gravación de Sanguñedo, unha informante (Sa-3) usou o arcaísmo *tedes*. Tamén os vellos de antes de Campobecerros dicían *vós teides*. A palabra *teides* téñoa rexistrada nunha gravación que me prestaron dun informante de Campobecerros, que nacera en 1908 e que residira algo da súa nenez en Entrecinsa, lugar do concello de Vilariño de Conso. Por outra parte, un informante de Veiga de Nostre (VN-7), residente na actualidade en Campobecerros, aínda di esporadicamente *vós teis* ó lado da forma que usa comunmente *vós tendes*.

As formas diferentes de *vós tendes* aparecen rexistradas no cadro seguinte:

Cadro 28: Formas de P5 distintas de vós tendes.

Lugar	Vós tedes	Vós teides	Vós teis
Ca		(+) Ca-1 os vellos de antes	
Sa	+ Sa-3		
VN			+ VN-7

Para a P6, na enquisa, recollín *eles ten*, *eles teñen*, *eles tein* e *eles teien*. *Eles ten* é a forma preferida polo informante principal de Pepín (Pe-1) e é a única forma que responde o informante principal de Portocamba (Po-1). Agora ben, na enquisa secundaria de Portocamba, a informante (Po-4), que tiña 73 anos no verán de 2003, respondeu *eles ten* mentres que o seu xenro (Po-5), que tiña 57 anos no verán de 2003, respondeu *eles ten* e *eles teñen*. A irmá do informante principal de Pepín (Pe-2) usou nas gravacións *eles ten* e *eles teñen*. En Campobecerros, a informante principal (Ca-1) e, en xeral, tódolos falantes empregan *eles ten* e *eles teñen*; pero, o uso de *eles ten* parece se-lo preferido. Tal preferencia, por exemplo, téñoa eu, que son de Campobecerros.

Responderon, na enquisa principal, *eles teñen* os informantes de Castrelo do Val (CV-1), Ribas (Ri-1), Servoi (Se-1), San Paio (SP-1), Marbán (Ma-1), Monteveloso (MV-1), Vilar (Vi-1), Nocedo (No-1), Gondulfes (Go-1) e Fontefría (Fo-1). Agora ben, nas gravacións dun informante de Castrelo do Val (CV-2), quen prefire *eles teñen*, tamén me pareceu oír unha vez *eles ten*. Despois de percatarme disto volvinlle preguntar á informante principal de Castrelo do Val (CV-1) e admitiu que dicía *eles ten*; polo contrario, a muller (CV-3) do informante de Castrelo do Val citado manifestou que só utilizaba *eles teñen*. En Marbán, á mesma informante da enquisa (Ma-1) entendinlle, na gravación, unha vez *teien* cun *e* final moi pequeno. De tódolos xeitos, é moi posible que eu percibira iso así pero que ela quixese dicir *eles teñen*. En Monteveloso, na gravación, o mesmo informante da enquisa principal (MV-1) usou *eles tein* fronte a *el ten*. No entanto, na enquisa complementaria de Monteveloso (MV-2), a falante dixo que só se usaba *eles teñen*. En Vilar, nunha conversa non gravada, recollín que o informante máis novo da gravación (Vi-4) dicía *eles tein*, pero na enquisa complementaria só admitiu que dicía *eles teñen*. A informante principal de Vilar (Vi-1) tamén admitiu que se dicía *eles ten*. En Nocedo, aínda que non recollín *eles ten*, é moi posible que exista xa que recollín alí *eles vén*. Na enquisa complementaria de Fontefría, o entrevistado (Fo-3) respondeu *eles ten*.

Na enquisa complementaria de Piornedo (Pi-5), a informante deu como única forma *teien* pero na gravación tamén lle recollín ó informante máis novo (Pi-4) *eles tein*. Noutra cinta que me deixou este informante, un señor, que tiña 49 anos en 1993, usou *eles tein* e *eles ten*. A pesar de que nas gravacións non rexistrei *eles teñen*, creo que a mai do informante máis novo debe dicir tamén *eles teñen* xa que di *eles veñen* ó lado de *eles veien*.

En Veiga de Nostre, o informante principal (VN-1) respondeu *eles tein*; a súa filla (VN-6) empregou, en conversas non gravadas, *eles tei* e *eles tein*; nas gravacións, rexistrei *eles tei*, forma que parece a preferida tamén para dous irmáns do informante principal (VN-3 e VN-7), que tampouco gravei. Estes irmáns non residiron en Parada da Serra. Ademais, en Veiga de Nostre, na enquisa secundaria, o informante enquisado (VN-2) empregou, na gravación, *eles tei* e, na enquisa, *eles teñen*.

Por último, en Sanguñedo, recollín tódalas variantes: na enquisa principal, o informante principal (Sa-1) empregou *eles teñen* e a súa muller (Sa-2) *eles teien*; na enquisa complementaria, outro informante (Sa-5) respondeu *eles ten* pero antes usara esporadicamente e, sen ser preguntado sobre a cuestión, *eles tein*; outro informante do lugar, nunha conversa non gravada, empregou *eles tei*. Esta última forma tamén a usou na gravación unha informante deste lugar (Sa-4). Nas gravacións de Sanguñedo, rexistrei: *eles tei*, *eles ten* e *eles tein*. Esta última forma foi a que percibín na gravación da informante nacida en 1928 (Sa-2), quen na enquisa principal respondeu que dicía *teien*. A miña percepción débese á relaxación articulatoria con que a falante pronunciou o último *e*. Outra posibilidade, que me parece menos acertada, consiste en pensar que a falante está usando unha forma distinta de *teien*. Nas gravacións de Sanguñedo, non recollín a variante innovadora *eles teñen*.

En conclusión, *eles teñen* parece a forma máis nova no concello. Esta forma, que ten vogal aberta na raíz *t[ɛ]ñ-*, non se xera por analoxía coa raíz da P1 do presente de indicativo, senón que parece que se creou a partir de *teien* por similitude fonética. A favor desta hipótese xogan os feitos de que as dúas raíces

Os verbos anómalos ou de irregularidade propia 129

presenten vogal aberta (t[ɛ]ñ- e t[ɛ]i-) e que é moi difícil diferenciar acusticamente *teñen* de *teien*. A forma *eles ten* está vendo invadido o seu espazo por *eles teñen* e, nalgúns sitios, semella que a invasión varreu *eles ten*. No caso de que non se poida dicir tanto, si se pode dicir que hai falantes que xa só usan *eles teñen* e non *eles ten*. As outras variantes da P6 do presente de indicativo non gozan de prestixio e normalmente non son citadas nas enquisas pero agroman se se escarva. Así a todo, é moi posible que continúen perdendo vitalidade. De momento, *eles teien* goza de bastante uso entre falantes de certa idade de Piornedo. Unha informante de Sanguñedo usou na enquisa esta forma e, en Marbán, pareceume oír *teien* unha vez entre moitas aparicións de *teñen*. A variante *eles tei* só a recollín en Veiga de Nostre e Sanguñedo e a forma *eles tein* só a rexistrei en Veiga de Nostre, Sanguñedo e Piornedo. Agora ben, a informante principal de Campobecerros (Ca-1) aseguroume que, neste lugar, cando ela era pequena, había falantes vellos, nacidos alí de pais de alí, que dicían *eles tein*.

Todo o explicado para a P6 do presente de indicativo do verbo *ter* pódese ver no cadro que reproduzo a continuación:

Cadro 29: P6 do presente de indicativo de ter.

Lugar	P6 eles ten	P6 eles teñen	P6 eles tein	P6 eles teien	P6 eles tei
Po	+ Po-1, Po-4, Po-5	+ Po-5			
Ca	+ forma preferida	+			
Sa	+ Sa-5	+ Sa-1	+ Sa-5, Sa-2	+ Sa-2	+ Sa-4
VN		+ VN-2	+ VN-1, VN-6		+ VN-2, VN-3, VN-6, VN-7
Fo	+ Fo-3	+ Fo-1			
Vi	+ Vi-1, Vi-4	+ Vi-1	+ Vi-4		
Se		+ Se-1			
SP		+ SP-1			
Pi	+	Probable (rexistrei eles veñen)	+ Pi-4	+ Pi-5	
MV		+ MV-1, MV-2	+ MV-1		
Pe	+ Pe-1, Pe-2	+ Pe-2			

(*fortgeführt*)

Cadro 29: Fortsetzung

Lugar	P6 eles ten	P6 eles teñen	P6 eles tein	P6 eles teien	P6 eles tei
Ri		+ Ri-1			
Go		+ Go-1			
Ma		+ Ma-1			
No	Probable (existe eles vén)	+ No-1			
CV	(+) CV-2 menos usual	+ CV-1, CV-2, CV-3			

O presente de subxuntivo deste concello é *teña, teñas, teña, teñamos, teñais* ou *teñandes, teñan*. Algúns falantes tamén poden utiliza-lo arcaísmo *vós teñades*.

O copretérito de indicativo deste concello é *tiña, tiñas, tiña, tiñamos* ou *tíñamos, tiñais / tiñandes / (tiñades)* ou *tíñais / tíñandes / (tíñades), tiñan*. Na P4 e na P5, predominan as formas graves. Así, por exemplo, en Campobecerros, a xente vella e a xente nova tende a empregar elementos graves (*tiñamos* e *tiñais / tiñandes*) pero noutras zonas do concello xa hai falantes vellos que empregan con máis frecuencia *tíñamos*.

O futuro de indicativo (*terei*) e o pospretérito de indicativo (*tería*) coinciden neste concello coas formas do galego normativo.

O imperativo deste concello é *ten tu, tende vós*. Tamén é posible atopar algún falante deste concello que empregue a desinencia *-de* (*tede*). No pasado, tamén puido existir *teide vós*, polo menos nalgúns lugares do concello. Cómpre lembrar que teño rexistrado nunha cinta como P5 do presente de indicativo *vós teides*.

A raíz de *perfectum* xenuína desta zona é *tuv-*. Con ela pode construírse o pretérito de indicativo: *tuven, tuveches* ou *tuveche, tuvo, tuvemos, tuvestes, tuveron*. Aínda que *tuveches* lle está gañando a pugna a *tuveche*, esta última forma foi respondida polo informante principal de Pepín (Pe-1). Tende a considerarse (*Normas* 1995: 165) que, no éxito moderno da raíz *tuv-*, influíu que esta fose tamén a raíz do castelán normativo. Tamén se tende a considerar que non é improbable que, na aparición de *tuv-* no galego, tivese o castelán algo que ver; no entanto, eu creo que se pode tratar dun proceso interno do galego que consegue diferenciar entre un lexema de perfecto *tuv-* e os lexemas de non perfecto *te-* (*temos, terei, tería*), *t[e]ñ-, tiñ-*, etc. A presenza de *u* na raíz de *perfectum* non é inusual no galego, xa que os verbos *poder* e *pór*, que tamén usan *u* no lexema de *perfectum* (*pudemos, puxemos*), puideron ser polos de atracción para *tuv-*.

Dado que a forma *puxemos* ademais da variación vocálica é un perfecto sigmático, o modelo máis convincente para *tuv-* é *pud-*.

Coa raíz *tuv-* tamén se pode reconstruí-lo antepretérito de indicativo (*tuvera*) e o pretérito de subxuntivo (*tuvese*). Neste concello, xa hai falantes vellos que empregan formas esdrúxulas para a P4 e a P5 destes últimos tempos. Así o fai, por exemplo, na gravación, unha informante de Pepín (Pe-3), que tiña 93 anos no verán de 2001, ó usar *se hoxe tuvéramos*. Nesta expresión, é interesante destacar que *tuvéramos* ten un valor de subxuntivo e non de indicativo.

Por outra parte, a raíz do galego normativo *tiv-* está penetrando no galego deste concello e da comarca de Verín a través da escola e a través dos medios de comunicación. Isto explica, dende o meu punto de vista, que un informante de Portocamba (Po-1), nacido en 1929, use *tivera*. Este mesmo falante usou un galego pouco espontáneo ó principio da gravación, e incluso empregou tempos verbais calcados do castelán do tipo *habelo feito*. Nunha cinta que me prestaron de Piornedo, un informante, que non falaba un galego espontáneo de todo, empregou *tivera*.

2.4.21 Traer / tragher

O infinitivo *tragher* parece feito coa raíz de *perfectum trough-* por imitación analóxica dos verbos do tipo *houb-* e *haber*[68], os cales opoñen a raíz de non pretérito (ou de *infectum*) e a raíz de pretérito (ou de *perfectum*) con modificación parcial das raíces: a raíz de presente leva *a* e a raíz de pretérito leva *ou*. Visto esquematicamente:

Cadro 30: Creación analóxica de tragher.

houben = troughen
haber = tragher

Nas enquisas principais, a informante principal de Servoi (Se-1) respondeu *traghere*; o informante de Veiga de Nostre (VN-1) respondeu *traer* e dixo que tamén se dicía *tragher*; as informantes de Vilar (Vi-1 e Vi-2) responderon *traer* e *tragher* e os informantes de Campobecerros (Ca-1) e de Pepín (Pe-1) responderon *traer* e admitiron que *tragher* tamén o empregaban as persoas de antes. Ademais recollín *tragher* nas gravacións das persoas máis vellas de San Paio (SP-2) e de Piornedo (Pi-2)[69].

---

68   Lémbrese que no latín clásico o tema de *perfectum* de TRAHO era TRAXI.
69   En Fontefría, tamén rexistrei *tragher* nunha gravación que non forma parte desta investigación.

O presente de indicativo deste verbo ten como paradigma dominante nesta zona: *traigo* ou *traigho*, *tras*, *trai*, *traemos*, *traeis* ou *traendes*, *tran*. Tamén existen *traghemos*, *tragheis* e formas coa terminación -*de* na P5.

Para a P3 do presente de indicativo só recollín nas enquisas principais *trai*. De tódolos xeitos, neste concello, tamén teño oído esporadicamente *trae*, elemento que presenta a vogal temática *e* antes de pasar a formar ditongo coa vogal da raíz.

Para a P2 e a P6 só recollín nas enquisas principais deste concello *tras* e *tran*, formas que perderon a vogal temática *e* por evolución fonética. A análise morfolóxica destes elementos é: *tra-ø-ø-s* e *tra-ø-ø-n*.

Para a P4 rexistrei na maioría das enquisas principais *traemos*, elemento que se analiza na raíz *tra*-, a vogal temática -*e*- e o SNP 'P4' -*mos*. Agora ben, en Servoi e en San Paio, as informantes principais (Se-1 e SP-1) responderon *traghemos* e *traemos*. *Traghemos* presenta a raíz *tragh*-.

Para a P5 do presente de indicativo recollín, nas enquisas principais, *traeis* e *traendes*. Non houbo ningún informante principal que dese a forma co SNP -*des*. Agora ben, como xa veño explicando ó longo do traballo, hai falantes deste concello que poderían usar *traedes* esporadicamente. Para a P5 do presente de indicativo, na enquisa principal de Servoi, a informante (Se-1) deu como resposta *tragheis* e *traeis* e, na enquisa principal de San Paio (SP-1), a informante respondeu *tragheis*.

O presente de subxuntivo deste concello é *traigha* ou *traiga*, *traighas* ou *traigas*, *traigha* ou *traiga*, *traighamos* ou *traigamos*, *traighais* / *traighandes* ou *traigais* / *traigandes*, *traighan* ou *traigan*. Tamén hai falantes neste concello que teñen a terminación -*des* para a P5.

O imperativo deste concello é *trai* e *traende* ou *traei* (ou *traede*). A P2 tamén se podería pronunciar con -*e* (*trae*).

Coa raíz *tra*- fórmase o copretérito de indicativo (*traía*), o futuro de indicativo (*traerei*) e o pospretérito de indicativo (*traería*) dominantes deste concello, no cal aínda quedan falantes que poden conxugar estes tempos coa raíz *tragh*- (*traghía*, *tragherei*, *traghería*) ou coa raíz *tra/g/*- (*traguía*, *traguerei*, *traguería*). Os falantes que usan a raíz arcaica *tragh*- tenden a pronuncíala con gheada, xa que son falantes pouco contaminados pola escolarización en castelán, a cal tende a inculcar que se reprima a gheada.

En canto ó pretérito de indicativo, domina a raíz *troux*- sobre *trough*- nas enquisas e, en xeral, na fala deste municipio. A xente nova deste concello utiliza *troux*-. *Trouxen* é a forma que contestan, na enquisa principal, os informantes de Pepín (Pe-1), Piornedo (Pi-1), Monteveloso (MV-1), Gondulfes (Go-1), Fontefría (Fo-1), Sanguñedo (Sa-1), Castrelo do Val (CV-1) e Campobecerros (Ca-1).

Os informantes de Pepín (Pe-1), Castrelo do Val (CV-1) e Campobecerros (Ca-1) admitiron que había falantes vellos no seu lugar que dicían *troughen*. O informante principal de Sanguñedo (Sa-1) utilizou *trouguemos* na gravación. A mai (Fo-2) do informante principal de Fontefría utilizou na gravación *trougheron*.

O informante principal de Portocamba (Po-1) respondeu *trouxen* pero admitiu que tamén dicía algunha vez *troughen*. Algo parecido acontece en Vilar, onde a informante principal (Vi-1) dixo que ela usaba *trouxen* pero que tamén dicía *troughen*. Nas gravacións de Vilar, o informante nacido en 1920 (Vi-3) empregou *trougho*.

Os informantes principais de Veiga de Nostre (VN-1) e de Servoi (Se-1) responderon con palabras que tiñan a raíz *trough-*. Do informante de Veiga de Nostre recollín *troughen, trougheches, trougho, troughemos, troughestes, trougheron*. Da informante de Servoi recollín *troughen*.

Os informantes principais de Nocedo do Val (No-1), Ribas (Ri-1) e San Paio (SP-1) mesturaron nas súas respostas sobre a conxugación do pretérito de indicativo elementos coa raíz *troux-* e elementos coa raíz *trough-*. O informante principal de Nocedo (No-1) mostrou preferencia polas formas non sigmáticas ó conxugar así: *trouxen, trougheches, trougho, troughemos, troughestes, trougheron*. Tal preferencia tamén a mostrou a informante principal de Ribas (Ri-1), quen deu como resposta *troughen* ou *trouxen, trouxeches, trougho, troughemos, troughestes, trougheron*[70]. Non acontece, no entanto, o mesmo coa informante principal de San Paio (SP-1), quen contestou así: *trouxen, trouxeches, trouxo, troughemos, troughestes* ou *trouxestes, trougheron*.

No cadro seguinte figura a distribución no concello de Castrelo do Val das raíces de *perfectum* de *traer / tragher*:

Cadro 31: Raíces de perfectum de traer / tragher.

Lugar	Raíz troux- no *perfectum*	Raíz trough- ou trougu- no *perfectum*
Po	+ Po-1	(+) Po-1 menos usual
Ca	+	(+) Para Ca-1 é de falantes vellos
Sa	+ Sa-1	+ Sa-1
VN		+ VN-1
Fo	+ Fo-1	+ Fo-2

(fortgeführt)

---

70 É interesante mencionar que outro informante de Ribas (Ri-2) máis novo cá informante principal usou na gravación *trouxeron*.

Cadro 31: Fortsetzung

Lugar	Raíz troux- no *perfectum*	Raíz trough- ou trougu- no *perfectum*
Vi	+ Vi-1	(+) Vi-1, Vi-3
Se		+ Se-1
SP	+ SP-1	+ SP-1
Pi	+ Pi-1	
MV	+ MV-1	
Pe	+ Pe-1	(+) Pe-1 menos usual
Ri	+ Ri-1, Ri-2	+ Ri-1
Go	+ Go-1	
Ma		
No	+ No-1	+ No-1
CV	+ CV-1	(+) CV-1 menos usual

A raíz *troux-* é a dominante deste concello no antepretérito de indicativo (*trouxera*) e no pretérito de subxuntivo (*trouxese*). Agora ben, aínda quedan falantes, especialmente algúns vellos, que usan a raíz *trough-* para o antepretérito de indicativo (*troughera*) e para o pretérito de subxuntivo (*troughese*).

Pódese dicir que a raíz *trougu-*, sen gheada, só a usarían aqueles falantes que quixesen esconde-la gheada. Isto é o que fai, por exemplo, o informante principal de Sanguñedo (Sa-1) cando di *trouguemos* e *trouguera*. Nas enquisas principais que fixen, acontece que os falantes que empregan a raíz *trough-* non esconden a gheada cando se trata de conxuga-lo verbo *traer / tragher*.

2.4.22 Valer

Este verbo equiparouse neste municipio co modelo da chamada terceira conxugación mixta latina (CAPĔRE) xa que fai a P1 do presente de indicativo coa terminación *-io* e todo o presente de subxuntivo coa terminación *-ia*. A conservación de *-io* e *-ia* é un trazo conservador ou arcaico do galego deste concello. O paradigma do presente de indicativo é *valio, vales, vale, valemos, valeis* ou *valendes* (ou *valedes*)*, valen*. O paradigma do presente de subxuntivo é *valia, valias, valia, valiamos, valiais* ou *valiandes* (ou *valiades*)*, valen*. Estes paradigmas son irregulares no galego normativo[71], pero regulares no galego do concello de Castrelo do Val (*cf.* os modelos *varrio* e *varria* expostos na epígrafe 2.2.4).

---

71 As formas *vallo* e *valla* con palatalización da consoante lateral polo iode seguinte foron as fixadas no galego normativo.

Con todo, hai que indicar que, nalgúns lugares, para a P1 do presente de indicativo tamén existe a variante irregular *valgo* e para o presente de subxuntivo tamén existe a raíz irregular *valg-* (*valga*). As formas *valgo* e *valga* xunto con *valio* e *valia* foron as respostas que deron as informantes principais de Castrelo do Val (CV-1) e Gondulfes (Go-1). O uso de *valgo* e *valga*, ó estar en relación co contacto co castelán que teña cada falante, tamén se pode atopar esporadicamente noutros lugares do concello, especialmente do val.

No municipio de Castrelo do Val, o imperativo deste verbo é *vale* (*váleme*) e *valei* (*valeime*) ou *valende* (*valéndeme*). Na P5 tamén existe residualmente *valede*.

En canto ó resto do tema de presente, cabe subliñar que o futuro de indicativo (*valerei*), o pospretérito de indicativo (*valería*) e o copretérito (*valía*) non presentan ningunha particularidade e coinciden cos paradigmas do galego normativo.

Este verbo presenta, na fala estudada, a mesma raíz para os tempos de non *perfectum* e para os tempos de *perfectum*. Ó te-la mesma raíz (*val-*), a distinción entre uns tempos ou outros establécese exclusivamente coas terminacións que se engaden a esa raíz.

Coa raíz *val-* e as terminacións características do modelo conxugacional de *varrer* (*-in, -iche(s), -eu, -emos, -estes, -eron*) pódese reconstruí-lo pretérito de indicativo deste verbo: *valín, valiche(s), valeu, valemos, valestes, valeron*. Co tema *vale-* pode refacerse o antepretérito de indicativo (*valera, valeras, valera, valeramos, valerais* ou *valerandes*[72]*, valeran*) e o pretérito de subxuntivo (*valese, valeses, valese, valesemos*[73]*, valeseis* ou *valesendes, valesen*).

2.4.23 Ver

Nunha análise morfolóxica sincrónica o verbo *ver* (*ve-ø-r*) é atemático (*vid.* epígrafe 2.2.1). A vogal temática que tiña este verbo na época medieval (*ve-e-r*) perdeuse no galego actual.

O presente de indicativo do verbo *ver* do concello de Castrelo do Val é *vexo, ves, ve, vemos, vendes* (ou *vedes*), *ven*. Nunca escoitei neste concello nin *tu veis* (algo) nin *vós veis* (algo). O presente de subxuntivo ten a mesma raíz cá P1 do

---

72 Tamén hai falantes que usan a terminación *-de*.
73 Moitos falantes descoñecen estas formas e usan elementos con *-ra*, sexa con acentuación grave, sexa con acentuación esdrúxula. Para estas cuestións véxase a epígrafe 2. 2. 2. 2.

presente de indicativo: *vex-*. O presente de subxuntivo do concello obxecto de estudo é *vexa, vexas, vexa, vexamos, vexais* ou *vexandes* (ou *vexades*), *vexan*.

As formas de imperativo deste verbo que recollín no municipio de Castrelo do Val son *ve* e *vende* (ou *vede*). Coinciden co galego normativo as formas do futuro de indicativo (*verei*), do pospretérito de indicativo (*vería*) e do copretérito de indicativo (*vía*). Se houbese algún falante que empregase variantes do tipo *veía*, trataríase dun claro castelanismo.

O pretérito de indicativo presenta as seguintes formas: *vin, viche(s), viu, vimos, vistes, viron*. Co tema *vi-* pode reconstruírse o antepretérito de indicativo (*vira*) e o pretérito de subxuntivo (*vise*).

2.4.24 Vir

O presente de indicativo predominante do concello obxecto de estudo é *v[e]ño, v[ɛ]s, v[ɛ]n, v[i]mos, v[i]ndes, v[ɛ]n* ou *v[ɛ]ñen*. Na P6, dá a impresión de que vai triunfa-la forma *v[ɛ]ñen*, que é diferente da P3. Ademais do paradigma citado tamén aparecen, neste concello, outras variantes como veremos a continuación.

En tódolos lugares do concello, a P1 e a P4 son *veño* e *vimos*, respectivamente. Para a P2, os enquisados responderon, en tódolos lugares do concello, *v[ɛ]s*. O informante principal de Veiga de Nostre (VN-1), quen era fillo dunha muller de Parada da Serra e quen vivira algúns anos da nenez en Parada da Serra, tamén usou *v[ɛ]s*. Tamén respondeu *tu v[ɛ]s* o informante da enquisa complementaria de Veiga de Nostre (VN-2), o cal non era descendente de familiares directos de Parada da Serra. Este informante tamén dixo que alí antes tamén oíra *tu veis*. Con respecto a esta información convén non esquecer que varias persoas de Parada da Serra se casaron ó longo da última historia coñecida en Veiga de Nostre. Un matrimonio de Veiga de Nostre que gravei manifestou que dicía *tu vés*, *el vén* e *eles vei*. O home (VN-3), irmán do informante principal, é fillo dunha muller de Parada da Serra (A Gudiña) e residiu oito anos en Parada. A muller (VN-4) tiña un avó de Parada. A informante principal de Campobecerros (Ca-1), nacida en 1937, díxome que ela non acordaba que os vellos de Campobecerros dixesen *tu veis* pero si que lle oíra ós vellos de Campobecerros dicir *tu teis*.

Todo isto faime concluír que a isoglosa *tu veis / tu vés* pode empregarse nesta zona como marca da fronteira entre o bloque central, onde se di *tu vés*, e o bloque oriental, onde aínda se di *tu veis*. Agora ben, hai que ter en conta, por un lado, que, na Gudiña, lugar do bloque oriental, xa se rexistran *veis* e *vés* (*vid.* mapa 405 do ALGA I) e, por outro lado, que a filla (VN-6) do informante principal de Veiga de Nostre, quen respondeu na enquisa *tu vés*, dixo que seu pai (VN-1) tamén dicía algunhas veces *tu veis* e que ela quizás usase tamén algunhas veces *tu veis*.

Por outro lado, se se pon estes datos en relación co que ocorre co verbo *ter* na mesma persoa, é interesante lembrar que *tu teis* aínda o din algunhas persoas de Veiga de Nostre, lugar do bloque central, e que dicían *tu teis* algúns vellos de antano de Campobecerros, aldea do bloque central; no entanto, *tu veis* é unha forma morta para os falantes do bloque central, xa que o informante principal de Veiga de Nostre (VN-1) usa *tu veis* esporadicamente porque residiu en Parada ou porque aprendeu a dicir así coa súa mai, que era natural de Parada. Así a todo, cómpre lembrar que este informante respondeu *tu vés* na enquisa.

No cadro que inserto a continuación figuran as formas de P2 do presente de indicativo de *ver* e *ter* diferentes de *tu vés* e *tu tes*:

Cadro 32: P2 de presente de indicativo de ver e ter distintos de vés e tes.

Lugar	P2 presente indicativo tu v[ɛ]is	P2 presente indicativo tu t[ɛ]is
Ca		(+) vellos de antano
VN	(+) VN-1, VN-6 Pouco usual	+

Nas enquisas principais, os entrevistados deron como forma de P5 do presente de indicativo *vós vindes*, excepto o entrevistado de Veiga de Nostre (VN-1) que respondeu *vós vides* e *vós vindes*. En cambio, a súa filla (VN-6) só admitiu que dicía *vós vindes*. A informante principal de Campobecerros (Ca-1) díxome que ela dicía *vós vindes* pero que antes tamén se empregaba *vós vides*. Así pois, *vós vindes* está substituíndo a *vós vides*, forma que só empregan uns poucos falantes deste concello. Entre eles está o informante da enquisa complementaria de Veiga de Nostre (VN-2). En cambio, *vides* é a resposta que me deu un informante de Cerdedelo, lugar do concello de Laza lindante con Portocamba.

Para a P3 do presente de indicativo recollín *el vén* en tódolos lugares. A información de Piornedo recollina na enquisa complementaria (Pi-5) e a de Monteveloso nas gravacións. Tamén recollín a forma *el vei* na enquisa complementaria de Veiga de Nostre (VN-2), na gravación da falante máis vella de Pepín[74] e na gravación dunha informante de Sanguñedo. A forma *el veir*

---

74 *El vei* tamén o recolle Taboada (1979b: 196) nos textos en transcrición fonética de Pepín.

recollina na gravación doutra informante de Sanguñedo, quen tamén usa *el vén*, e nunha conversación non gravada coa filla do informante principal de Veiga de Nostre (VN-6). Esta informante utilizou **vein**che eso deí e sostivo que ela empregaba *el vén*.

A P6 do presente de indicativo ten cinco formas neste concello: *eles veñen, eles vén, eles veien, eles vein* e *eles vei. Eles veñen* como única forma recollina nas enquisas principais de Castrelo do Val (CV-1), Nocedo do Val (No-1), Ribas (Ri-1), Servoi (Se-1), San Paio (SP-1), Marbán (Ma-1), Monteveloso (MV-1), Gondulfes (Go-1) e Fontefría (Fo-1). Agora ben, nalgún destes lugares tamén atopei outras variantes. Así, na enquisa complementaria de Fontefría (Fo-3), o informante usou *el vén* e *eles vén*. En San Paio, escoiteille ó irmán (SP-3) do informante da enquisa complementaria *eles vein*. En Castrelo do Val, a informante principal (CV-1) nunha conversa posterior á entrevista admitiu que tamén dicía *eles vén*; no entanto, unha muller nacida en 1929 (CV-3) aseguroume que ela só empregaba *eles veñen*.

Recollín *eles vén* alternando con *eles veñen* nas enquisas principais de Campobecerros (Ca-1), Pepín (Pe-1) e Vilar (Vi-1). En Campobecerros, *eles vén* é a preferida para moitos falantes entre os que me inclúo. O mesmo acontece en Portocamba, onde o enquisado principal (Po-1) respondeu *eles vén*. Agora ben, na enquisa secundaria de Portocamba, o informante (Po-5), que tiña 57 anos no verán de 2003, respondeu *eles vén* e *eles veñen* mentres que a súa sogra (Po-4), que tiña 73 anos no verán de 2003, respondeu *eles vén*. En Pepín, na enquisa secundaria (Pe-2), a irmá do enquisado principal respondeu *eles veñen* e tamén admitiu que se dicía *eles vén*, forma que lle rexistrei unha vez na gravación. En Pepín, tamén lle escoitei á informante máis vella (Pe-3) dicir *eles vei pouco*. En Vilar, paréceme que se prefire *eles veñen*.

Eles vein foi a resposta que deu o informante principal de Veiga de Nostre (VN-1) e tamén a resposta do fillo da informante principal de Piornedo. En Veiga de Nostre, o informante da enquisa complementaria (VN-2) usou *eles veñen* para o plural e *el vei* e *el vén* para o singular e outros dous informantes que gravei (VN-3 e VN-4) empregaron *eles vei* e *el vén*. A filla do informante principal de Veiga de Nostre (VN-6), nun primeiro momento, dixo que só usaba *eles veñen* pero despois admitiu que tamén usaba *eles vein*, forma que dera como resposta o seu pai (VN-1). A informante principal de Piornedo (Pi-1) respondeu *eles veñen* e *eles veien*. *Eles veien* tamén foi a variante que preferiron a informante da enquisa complementaria de Piornedo (Pi-5) e a muller do informante principal de Sanguñedo (Sa-2). Este último (Sa-1), na enquisa, manifestou que só usaba *eles veñen*; en cambio, oínlle, na gravación, *veien* cun segundo *e* tan relaxado que me levaba a percibir *vein*. En realidade, sigo dubidando se el quixo dicir *veien* ou *vein*. A informante da enquisa complementaria

Os verbos anómalos ou de irregularidade propia   139

de Piornedo (Pi-5) tamén usou a forma *eles vei*. Ignoro se este uso o aprendeu na súa aldea natal ou en Veiga de Nostre, onde se casou e residiu bastantes anos xa que, ó preguntarlle sobre a cuestión, manifestou que ela só dicía *veien*.

A distribución no concello de Castrelo do Val da P6 do presente de indicativo de *vir* figura no seguinte cadro:

Cadro 33: A P6 do presente de indicativo de vir.

Lugar	Eles veñen	Eles vén	Eles veien	Eles vein	Eles vei
Po	+ Po-5	+ preferida por Po-1. Po-4, Po-5			
Ca	+ Ca-1	+ preferida por Ca-1			
Sa	+ Sa-1		+ Sa-2, Sa-1	?+ Sa-1	
VN	+ VN-2, VN-6			+ VN-1, VN-6	+ VN-3, VN-4
Fo	+ Fo-1	+ Fo-3			
Vi	+ Vi-1	+ Vi-1			
Se	+ Se-1				
SP	+ SP-1			+ SP-3	
Pi	+ Pi-1		+ Pi-5, Pi-1	+	+ Pi-5
MV	+ MV-1				
Pe	+ Pe-1, Pe-2	+ Pe-1, Pe-2			+ Pe-3
Ri	+ Ri-1				
Go	+ Go-1				
Ma	+ Ma-1				
No	+ No-1				
CV	+ CV-1	(+) CV-1 menos usual			

No concello obxecto de estudo, aínda hai falantes que usan unha única forma para a P3 e para a P6 do presente de indicativo. Esa forma pode ser *vén*, *vei* e *vein*. *El vén / eles vén* dise en Campobecerros, Portocamba, Fontefría, Castrelo do Val e Pepín. Tamén se di *el vén / eles vén* en Cerdedelo, lugar do Concello de Laza. *El vei / eles vei* dío a informante máis vella de Pepín (Pe-3) e, a pesar de que non o teño rexistrado, tamén é moi posible que o digan esporadicamente algúns falantes de Sanguñedo e Veiga de Nostre, lugares onde se están impoñendo as formas diferenciadas flexivamente *el vén* e *eles veñen*; e *el vein / eles vein* dío a filla (VN-6) do informante principal de Veiga de Nostre. Esta informante, no entanto, prefire utilizar *el vén* e *eles veñen*.

A singularidade de te-la mesma forma para a P3 e a P6 aparece reflectida no seguinte cadro:

Cadro 34: Uso da mesma forma para a P3 e a P6 do presente de indicativo de vir.

Lugar	El vén / eles vén	El vei / eles vei	El vein / eles vein
Po	+		
Ca	+		
Sa		Probable	
VN		Probable	+ VN-6
Fo	+		
Pe	+	+ Pe-3	
CV	+		

O presente de subxuntivo deste concello é *veña, veñas, veña, veñamos, veñais* ou *veñandes* (ou *veñades*), *veñan*. A palabra *veñades*, máis vella ca *veñais* e *veñandes*, é menos usada cás outras variantes para a P5 deste tempo.

O copretérito de indicativo deste concello é *viña, viñas, viña, viñamos* ou *víñamos, viñais / viñandes / (viñades)* ou *víñais / víñandes / (víñades), viñan*. Na P4 e na P5, predominan as formas graves. En Campobecerros, a xente vella e a xente nova tenden a utilizar elementos graves (*tiñamos* e *tiñais / tiñandes*) pero noutras zonas do concello xa hai falantes vellos que usan con máis frecuencia *tíñamos* (*vid*. epígrafe 2.2.2.1.). A análise morfolóxica de *viñas* é a seguinte: unha raíz especial (*viñ-*) de 'copretérito de indicativo do verbo *vir*', un SMT (*-a-*) que indica 'copretérito de indicativo' e un SNP (*-s*) que significa 'segunda persoa de singular ou P2'.

O futuro de indicativo (*virei*) e o pospretérito de indicativo (*viría*) fanse, neste concello, coa raíz *vi-* e coinciden coas formas do galego normativo.

O imperativo deste concello é *ven tu, vinde vós*. A desinencia mais conservadora *-de* (*vide*) tamén é posible atopala nalgún falante deste concello.

O pretérito de indicativo dominante nesta zona é *vin, viñeches* ou *viñeche, veu, viñemos, viñestes, viñeron*. Para a P1 do pretérito de indicativo, ademais da forma predominante *vin* tamén rexistrei nas gravacións a forma innovadora *viñen*. Un informante de Veiga de Nostre (VN-3), que naceu en 1933 e que residiu de neno en Parada da Serra (A Gudiña), usou esta forma. Tamén usou *viñen* na gravación a informante de Marbán (Ma-1), quen na enquisa dera como P1 do pretérito de indicativo *vin*. Na enquisa complementaria de Nocedo, os entrevistados (No-3, No-4 e No-5) responderon con *viñen* e *vin*.

A presenza de *viñen* no concello de Castrelo do Val pode verse no seguinte cadro:

Cadro 35: Exemplos de viñen na fala estudada.

Lugar	Viñen
VN	+ VN-3
Ma	+ Ma-1
No	+ No-3, No-4, No-5

Para a P2 do pretérito de indicativo recollín na enquisa principal os seguintes datos: *viñeches* e *viñeche* en Campobecerros (Ca-1); *viñeches* en Castrelo do Val (CV-1), Veiga de Nostre (VN-1), Nocedo do Val (No-1), Ribas (Ri-1), San Paio (SP-1), Marbán (Ma-1), Fontefría (Fo-1), Servoi (Se-1), Piornedo (Pi-1), Monteveloso (MV-1) e Gondulfes (Go-1); e *viñeche* en Pepín (Pe-1), Sanguñedo (Sa-1) e Portocamba (Po-1). Tamén atestei *viñeche* nas enquisas complementarias de Servoi (Se-2), Vilar (Vi-4) e Ribas (Ri-3). O enquisado deste último lugar respondeu *viñeche* ou *viñeches*. Na enquisa complementaria de Pepín (Pe-2), a resposta foi *viñeches*. Con relación ó uso de *viñeche* e *viñeches*, é importante destacar que, aínda que poida haber diferenzas dun individuo a outro, un mesmo falante pode responder unha forma na enquisa pero empregar outra nas súas conversas. Sobre as marcas da P2 do pretérito de indicativo véxase a epígrafe 2.2.3.1.

A distribución de *viñeche* e *viñeches* no concello de Castrelo do Val aparece no cadro que vén a continuación:

Cadro 36: Distribución de viñeche e viñeches na fala estudada.

Lugar	Viñeche	Viñeches
Po	+ Po-1	
Ca	+ Ca-1	+ Ca-1
Sa	+ Sa-1	
VN		+ VN-1
Fo		+ Fo-1

(*fortgeführt*)

Cadro 36: Fortsetzung

Lugar	Viñeche	Viñeches
Vi	+ Vi-4	
Se	+ Se-2	+ Se-1
SP		+ SP-1
Pi		+ Pi-1
MV		+ MV-1
Pe	+ Pe-1	
Ri	+ Ri-3	+ Ri-1, Ri-3
Go		+ Go-1
Ma		+ Ma-1
No		+ No-1
CV		CV-1

Coa raíz *viñ-* tamén se pode reconstruí-lo antepretérito de indicativo (*viñera*) e o pretérito de subxuntivo (*viñese*). Neste concello, as formas con *-se* teñen pouco uso e quen as utiliza tende a facelo só na P1, P2, P3 e P6. Para a P4 e P5 a maioría dos falantes botan man de formas con *-ra*. En canto ás formas P4 e P5 con *-ra*, que poden indicar antepretérito de indicativo ou pretérito de subxuntivo, xa hai falantes deste concello que utilizan variantes esdrúxulas (*viñéramos* e *viñérais / viñérandes*). Sobre estas cuestións véxase a epígrafe 2.2.2, e 2.2.2.1.

3 Consideracións finais

Sen pretender ser exhaustivo, remato esta investigación coas principais consideracións conclusivas que se poden obter dela.

O verbo defínese como un elemento variable fronte á preposición, por exemplo, que é invariable. A variabilidade dun verbo como *cantabamos* manifestase nun tema constituído por unha raíz *cant-* e unha vogal temática *-a-* e nunha terminación que, neste caso, está formada por dúas marcas que amalgaman cada unha dous valores gramaticais: o valor modotemporal 'copretérito de indicativo' (*-ba-*) e o valor numeropersoal 'primeira persoa de singular ou P4' (*-mos*). Seguindo a Matthews (1972: 121), considero que probablemente a segmentación máis rudimentaria dunha forma verbal non nominal en tema e desinencia (ou terminación) sexa unha hipótese de análise morfolóxica mellor cá segmentación máis refinada, que pasa por incuestionable. Así, paréceme mellor segmentar *cant-ou* antes ca *cant-o-φ-u*. Para realizar unha análise morfolóxica parto dunha forma como dada e segmento significantes que posúen en máis dun contexto o mesmo significado. O elemento *-ou* significa 'pretérito de indicativo + terceira persoa de singular + C I'. Nas variantes *varreu* e *partiu*, é posible illar unha vogal temática para a C II (*-e-*) e unha vogal temática para a C III (*-i-*). A desinencia *-u* destes elementos aglutina os valores de modo e tempo ('pretérito de indicativo') e de número e persoa ('terceira persoa de singular').

O característico das linguas fusionantes como o galego é que a expresión das distintas categorías dentro da mesma palabra se fusionen. O resultado é un morfema único insegmentable, un morfo *portmanteau* (ou acumulativo). Debido a isto xorden discrepancias entre os autores nas análises morfoloxicas verbais. Isto fai que eu asuma que a análise morfoloxica debe ser entendida como esbozo e non como algo acabado (Simone 1993: 111).

A morfoloxía galega é basicamente concatenativa; no entanto, presenta algúns elementos de morfoloxía non concatenativa. Se comparamos *vemos* 'ver + (verbo non regular) + presente de indicativo + P4' con *vimos* 'ver + (verbo non regular) + pretérito de indicativo + P4', obsérvase que só se pode segmentar *-mos* 'P4' e que ademais existen dous alomorfos na raíz: un de presente (ou *infectum*) e outro de pretérito (ou *perfectum*), que indican ademais tódolos outros valores. Para algúns autores, a diferenza entre *ve-* e *vi-* constitúe un caso de *modificación*.

Os verbos que manteñen invariable o constituínte radical na súa conxugación son *regulares*. Os verbos regulares da primeira conxugación (C I) como *cantar* forman parte dunha clase conxugacional que presenta as seguintes terminacións para a P2: -*as* ('presente de indicativo'), -*es* ('presente de subxuntivo'), -*abas* ('copretérito de indicativo'), -*arás* ('futuro de indicativo'), -*arías* ('pospretárito de indicativo'), -*ache(s)* ('pretérito de indicativo'), -*aras* (antepretérito) e -*ases* ('pretérito de subxuntivo'). As terminacións regulares da C II (*varrer*) para a P2 son: -*es* ('presente de indicativo'), -*as* ('presente de subxuntivo'), -*ías* ('copretérito de indicativo'), -*erás* ('futuro de indicativo'), -*erías* ('pospretárito de indicativo'), -*iche(s)* ('pretérito de indicativo'), -*eras* (antepretérito) e -*eses* ('pretérito de subxuntivo'). A C III (*partir*) caracterízase polas seguintes terminacións de P2: -*es* ('presente de indicativo'), -*as* ('presente de subxuntivo'), -*ías* ('copretérito de indicativo'), -*irás* ('futuro de indicativo'), -*irías* ('pospretárito de indicativo'), -*iche(s)* ('pretérito de indicativo'), -*iras* (antepretérito) e -*ises* ('pretérito de subxuntivo').

Defendín que hai verbos atemáticos (*cre-ø-r, da-ø-r, esta-ø-r, i-ø-r, le-ø-r, po-ø-r, ri-ø-r, se-ø-r, te-ø-r, ve-ø-r, vi-ø-r*, e os derivados destes verbos). Para defender isto argumentei, por exemplo, que o verbo *pór*, se tivese vogal temática, tería como raíz *p-*, elemento que non é un signo lingüístico. O que aconteceu con *pór* é que perdeu no paso do galego medieval ó actual a vogal temática (*põ-e-r → pó-ø-r*). Para min, a vogal temática ten un estatuto parecido ó da vogal xenérica dos substantivos.

Considerei que [ɛ] non é vogal temática en formas como *d[ɛ]mos, tuv[ɛ]mos* e *dix[ɛ]mos*. Aínda que non me parece indefendible analizar [ɛ] como vogal temática caracterizadora dos perfectos irregulares, penso que [ɛ] non é unha auténtica vogal temática, porque non xerou un infinitivo nin un tema de *infectum* en [ɛ]. Por outra parte, [ɛ] aparece en verbos con infinitivo terminado en -*ar* (*anduv[ɛ]ras*), en -*er* (*fix[ɛ]ras*) e en -*ir* (*dix[ɛ]ras*). Ademais, se se admite que o verbo *pór* e outros son atemáticos no tema de presente, en coherencia con tal análise coido que é mellor considerar que o pretérito dos verbos do tipo de *dar, ter* e *dicir* tampouco ten vogal temática.

Postulei que -*ía-* / -*ia-* contén amalgamados os contidos 'copretérito de indicativo de C II e C III (ou de non C I)', porque -*í-* tónico non é realización do fonema /e/, que é o característico da C II. En consecuencia, existen tres alomorfos do SMT 'copretérito de indicativo': -*ba-*, -*ía-* / -*ia-* e -*a-* (*puñ-ø-a-s*). A análise exposta é coherente coa análise de -*[j]a-* como SMT de presente de subxuntivo (*cf. varr-ø-[j]a-s* e *varr-ø-ía-s*). Os elementos -*ia* (*varria, partia, qu[ɛ] pia*) e -*io* (*varrio, partio, qu[ɛ]pio*) son significantes do concello de Castrelo do Val que amalgaman, respectivamente, os contidos 'presente de subxuntivo de verbos que non son da C I' e 'primeira persoa de singular do presente de indicativo de verbos que non son da C I'. Igualmente, o -*o* en *canto, varro* e *parto* amalgama o significado de SMT ('presente de indicativo') e de SNP ('primeira persoa de singular').

Sostiven que é preferible analizar como amálgamas -*rei* (*cantarei*) e -*rein* (*cantarein*), debido a que, se se segmenta -*i*, este indica 'P1 do futuro de indicativo'. Isto vén sendo moi parecido a postular que -*rei* amalgama os contidos 'futuro de indicativo e P1'. As formas dominantes no concello de Castrelo do Val rematan en -*rei*; no entanto, atestei formas residuais do tipo *cantarein* en Veiga de Nostre.

A marca do antepretérito de indicativo predominante é -*ra*. A maioría dos verbos anómalos teñen como marca deste valor -*[ɛ]ra / (-[e]ra)*. Os verbos regulares engaden este elemento ó tema verbal único (**cant-a**-*ra-mos*, **varr-e**-*ra-mos*, **part-i**-*ra-mos*). Algúns verbos irregulares engaden esta marca de antepretérito de indicativo ó tema verbal especial de pretérito (**d[ɛ]**-*ø-ra-mos*), distinto do tema verbal de presente. A maioría dos verbos anómalos forman o antepretérito coa raíz especial de pretérito, coincidente co tema verbal de pretérito e distinta do tema verbal de presente e o alomorfo -*[ɛ]ra / -[e]ra* (**pux-ø-[ɛ]**ra-s, **pux-ø-[e]** ra-mos). En relación con isto, convén lembrar que o elemento -*[ɛ]ra*- indicaba en latín o valor modotemporal 'antepretérito de indicativo' (Palmer 1984: 275).

Algúns falantes vellos do concello de Castrelo do Val poden ter como únicas marcas do pretérito de subxuntivo os morfos -*se* e -*[ɛ]se / (-[e]se)*; agora ben, para este valor as variantes maioritarias do concello son -*ra* e -*[ɛ]ra / (-[e]ra)*.

Na P1 do pretérito de indicativo da C I a forma predominante da fala do concello de Castrelo do Val é *cantei*, pero hai algúns informantes vellos dalgúns lugares que usan *cantein* en alternancia con *cantei* ou non. O elemento -*ei* (*amei*) indica 'pretérito de indicativo + primeira persoa de singular + C I'. Na C II e na C III, a terminación -*in* indica 'pretérito de indicativo + primeira persoa de singular + non C I (= C II ou C III)'. Prefiro non analizar -*i*- como vogal temática porque as variantes dialectais galegas *varrí* e *partí* esixen considerar -*i* como marca de 'pretérito de indicativo + primeira persoa de singular + non C I'. Ademais, ó ser [i] unha vogal tónica, non é posible consideralo nunha análise fonolóxica sincrónica unha realización fonética do fonema /e/, característico da segunda conxugación.

No concello de Castrelo do Val úsanse para a P2 do presente de indicativo as variantes do tipo *colliche(s)* e *dix[ɛ]che(s)*. A terminación predominante é -*ches* (*cantaches, varriches, partiches*). Na P5 do pretérito de indicativo a terminación é -*stes* (*cantastes*). Por coherencia coa análise proposta para a P1 do pretérito de indicativo (*vid. supra*), tamén preferín analizar en *varriche(s)* e *partiche(s)* unha terminación -*iche(s)* que aglutina varios valores ('pretérito de indicativo + segunda persoa de singular + non C I').

Na fala tradicional do concello estudado predomina a acentuación grave na P4 e P5 do copretérito de indicativo (*cantabamos*) e do pospretérito de indicativo (*iriamos*); no entanto, xa hai incluso persoas vellas que teñen acentuación esdrúxula (*cantábamos, iríamos*).

As terminación de P5 *-is* e *-ndes* son as preferidas polos falantes enquisados do municipio de Castrelo do Val. Tamén hai informantes que usan esporadicamente a terminación *-des*. A terminación *-ides* (*cantaides*) oínllela a falantes do concello que xa morreron. Tamén se acordan desta terminación algúns dos falantes que entrevistei. Na P5 do imperativo predominan *-i* (*cantai*) e *-nde* (*cantande*) e é residual *-de* (*cantade*).

A P2 do imperativo dos verbos do tipo *beber* e *coller* ten vogal pechada na vogal radical no galego tradicional do municipio de Castrelo do Val. Fóra da informante principal de Castrelo do Val, o resto dos informantes principais deste concello deron como resposta *bibe* e *culle*. No lugar de Castrelo do Val tamén atestei estes imperativos con vogal radical pechada. Xa hai moitos falantes do concello citado que poden empregar formas sen vogal radical pechada de P2 do imperativo (*b[e]be* e *c[o]lle*) e quizás haxa falantes novos que descoñezan os imperativos tradicionais (*bibe* e *culle*). Agora ben, de momento, a maioría das persoas do municipio de Castrelo do Val alternan variantes de P2 de imperativo con vogal radical pechada e sen ela.

As alternancias do tipo *s[u]bes / s[ɔ]bes* xa non as teñen algúns dos falantes vellos do concello. Así a todo, moitos dos falantes vellos do municipio de Castrelo do Val aínda manteñen estas alternancias en convivencia coa falta delas (*s[u]bes / s[u]bes*). Algúns falantes novos tamén usan esporadicamente estas alternancias. Os verbos que mellor manteñen a alternancia na raíz son: *cumprir, durmir, xunguir, tusir, ruxir* e *muxir* (ou *munguir*). Os verbos que presentan alternancia vocálica en menos lugares do municipio son: *sufrir, lucir, cubrir* e *xurdir*.

As alternancias do tipo *s[i]go / s[ɛ]gues* están practicamente perdidas na fala do municipio de Castrelo do Val. Consérvanse na fala dalgúns vellos deste concello formas con alternancia do verbo *mentir* (*m[ɛ]ntes, m[ɛ]nte, m[ɛ]nten*).

No meu estudo dediqueilles bastante espazo á descrición e análise dos verbos irregulares propiamente ditos e tamén expliquei moitos cambios lingüísticos en curso. Así, por exemplo, detectei a penetración de *din* nas falas do val e nalgunhas falas da montaña. Outros cambios lingüísticos en curso detectados son: a substitución de *quepia* por *quepa*, de *coupen* por *collín*, de *di* por *dice*, de *fagher, faguer* e *faer* por *facer*, de *indes* por *vandes*, de *imos* por *vamos*, de *pór* por *poñer*, de *eles ten* por *eles teñen*, de *tragher* ou *traguer* por *traer*, da raíz *trough-* pola raíz *troux-*, de *eles vén* por *eles veñen*, etc. Ademais de innovacións tales como *eu din, cabo, cabio, cabín, hubo, tendes, sende, viñen*, etc., tamén atestei arcaísmos tales como *anduve, dein, dea, día, díe, deien, es, estía, estíe, estí, fer, iamos, ouvín, podio, eles poi, eles poin, eles poien, qu[ɛ]pio, qu[ɛ]pia, quer, s[ɛ]pia, tu teis, el tei, eles tei, el tein, eles tein, vós teis, teides, eu valio, el vei, el vein, eles vei, eles veien, eles vein*, etc.

Bibliografía

Alcina, J. e J. M. Blecua (1975): *Gramática española*. Barcelona: Ariel.

Alcoba Rueda, S. (1999): "La flexión verbal", en I. Bosque e V. Demonte (dirs.): *Gramática descriptiva de la lengua española 3. Entre la oración y el discurso. Morfología*. Madrid: Espasa / Calpe.

ALGA I = Instituto da Lingua Galega (1990): *Atlas Lingüístico galego. Vol. I: Morfoloxía verbal*. A Coruña: Fundación Barrié de la Maza.

ALGA II = Instituto da Lingua Galega (1995): *Atlas Lingüístico Galego. Vol. 2: Morfoloxía non verbal*. A Coruña: Fundación Barrié de la Maza.

ALGA III = Instituto da Lingua Galega (1999): *Atlas Lingüístico galego. Vol. III: Fonética*. A Coruña: Fundación Barrié de la Maza.

ALGA IV = Instituto da Lingua Galega (2003): *Atlas Lingüístico galego. Vol. IV: Léxico. Tempo atmosférico e cronolóxico*. A Coruña: Fundación Barrié de la Maza.

ALGA V = Instituto da Lingua Galega (2005): *Atlas Lingüístico galego. Vol. V: Léxico. O ser humano (I)*. A Coruña: Fundación Barrié de la Maza.

Alinei, M. (1996): *Origini delle lingue d'Europa. Vol. I: La teoria della continuità*. Bologna: Il Mulino.

Alinei, M. (2000): *Origini delle lingue d'Europa. Vol. II: Continuità dal Mesolitico all'età del Ferro nelle principali aree etnolinguistiche*. Bologna: Il Mulino.

Alinei, M. e F. Benozzo (2008): *Alguns aspectos da Teoria da Continuidade Paleolítica aplicada à região galega*. Lisboa: Apenas. Texto da conferencia dada en Pontevedra no II Congreso Internacional de Onomástica Galega que tivo lugar entre o 19 e o 21 de outubro de 2006 co título *Alcuni Aspetti della Teoria della Continuità applicata all'area gallega*.

Almela, R. (2003): "Bases para una morfología continua del español", en *Estudios de Lingüística. Universidad de Alicante* 17, 57–79.

Alonso, A. (1967): "Estilística y gramática del artículo en español", en *Estudios lingüísticos. Temas españoles*. Madrid: Gredos, 3ª edición, 125–160.

Alonso, A. e P. Henríquez Ureña (1971): *Gramática castellana*. 2 vols. Buenos Aires: Losada.

Alonso Núñez, A. S. (1995): "Notas sobre a fala de Campobecerros", en *Cadernos de Lingua* 11, 103–127.

Alonso Núñez, A. S. (1999): "Os sufixos nominais diminutivos *-iñ-o* / *-iñ-a*, *-it-o* / *-it-a* e *-ic-o* / *-ic-a* na fala do concello de Castrelo do Val", en *Cadernos de Lingua* 20, 127–143.

Alonso Núñez, A. S. (2000): "Os sufixos nominais diminutivos do galego actual", en *Verba* 27, 133–174.

Alonso Núñez A. S. (2002): "Contribución ó estudio da fronteira entre os bloques oriental e central no sueste da provincia de Ourense", en R. Álvarez, F. Dubert e X. Sousa (eds.): *Dialectoloxía e léxico*. Santiago de Compostela: Consello da Cultura Galega / Instituto da Lingua Galega, 223–244.

Alonso Núñez, A. S. (2006): "Topónimos compostos de Campobecerros", en *Cadernos de Lingua* 28, 121–143.

Alonso Núñez, A. S. (2007): "O xénero do substantivo na fala do concello ourensán de Castrelo do Val", en *Verba* 31, 311–321.

Alonso Núñez, A. S. (2008a): "El vocalismo átono en el habla gallega del ayuntamiento de Castrelo do Val (Ourense)", en *Quaderni di Semantica* XXIX (1), 119–136.

Alonso Núñez, A. S. (2008b): "La sufijación verbal, la circunfijación verbal y la sufijación verbal homogénea en el habla gallega del ayuntamiento de Castrelo do Val (Ourense, España)", en *Quaderni di Semantica* XXIX, 2, 343–392.

Alonso Núñez, A. S. (2010): "Las consonantes fricativas y el rotacismo en un habla gallega", en *Quaderni di Semantica XXXI* (1), 113–130.

Alonso Núñez, A. S. (2012): "El bloque central de Fernández Rei y el habla gallega del ayuntamiento de Castrelo do Val (Ourense, España)", en *Quaderni di Semantica XXXIII* (1), 155–182.

Alonso Núñez, A. S. (2013): "Diferenzas e converxencias dialectais dentro do concello de Castrelo do Val", en *Estudos de Lingüística Galega* 5, 5–25. https://revistas.usc.gal/index.php/elg/article/view/1348/1185

Alonso Núñez, A. S. (2014a): "El vocalismo tónico y los principales fenómenos que lo afectan en un habla gallega del sureste de la provincia de Ourense (España)", en *Zeitschrift für Romanische Philologie* 130 (3), 725–753. https://doi.org/10.1515/zrp-2014-0057

Alonso Núñez, A. S. (2014b): "La metafonía nominal en un habla gallega", en *Neuphilologische Mitteilungen* 115(3), 259–281. https://www.jstor.org/stable/43345193

Alonso Núñez, A. S. (2016): "A terminación de P5 *-ndes*", en A. Rodríguez Guerra (ed.): *Lingüística Histórica e Dialectoloxía: Coordenadas do cambio lingüístico*: Vigo: Universidade de Vigo, 163–177.

Alonso Núñez, A. S. (2017): "Os sufixos nominais diminutivos *-et-e* / *-et-a*, *-uc-o* / *-uc-a* e *-ech-o* / *-ech-a* na fala de Castrelo do Val", en *Estudos de Lingüística Galega* 9, 5–22. https://doi.org/10.15304/elg.9.3867

Alonso Núñez, A. S. (2021-2022): "El bloque oriental de Fernández Rei versus el gallego lateral oriental con diminutivo descendiente de -ĪNUM distinto de -iñ-o", en *Quaderni di Semantica* n.s. 7-8, 115-159.

Alonso Núñez, A. S. (2023a): "Los sistemas de nominativo del pronombre personal gallego", en *Zeitschrift für romanische Philologie* 139(2), 453-478. https://doi.org/10.1515/zrp-2023-0016

Alonso Núñez, A. S. (2023b): "Los pronombres personales tónicos en un habla gallega", en *Neuphilologische Mitteilungen*, 124(2), 6-58. https://doi.org/10.51814/nm.124839

Alonso Núñez, A. S. (2023c): "The diminutive nominal suffix *-iñ-o / -iñ-a* and its allomorph *-ciñ-o / -ciñ-a* in a Galician variety. Its contextualization in the Galician-Portuguese dialectal continuum", en *Quaderni di Semantica* n.s. 9, 647-688.

Alvar, M. e B. Pottier (1987): *Morfología histórica del español*. Madrid: Gredos, 1ª reimpresión.

Álvarez, R., F. Dubert e X. Sousa (2006): "Aplicación da análise dialectolométrica aos datos do Atlas Lingüístico Galego", en R. Álvarez, F. Dubert e X. Sousa (eds.): *Lingua e Territorio*. Santiago de Compostela, Consello da Cultura Galega / Instituto da Lingua Galega, 461-489. https://doi.org/10.17075/lt.2006.015

Álvarez, R., H. Monteagudo e X. L. Regueira (1986): *Gramática galega*. Vigo: Galaxia.

Álvarez, R. e X. Xove (2002): *Gramática da lingua galega*. Vigo: Galaxia.

Ambadiang, T. (1993): *La morfología flexiva*. Madrid: Taurus.

Aranzadi Martínez, J. (2008): *Introducción histórica a la antropología del parentesco*. Madrid: Editorial Universitaria Ramón Areces.

Ariza Viguera, M. (1989): *Manual de fonología histórica del español*. Madrid: Síntesis.

Baliñas Fernández, C. (1981): "Contra el imperialismo de la razón exacta", en *Ágora: Papeles de filosofía* 1, 7-64.

Bosque, I. (1983): "La morfología", en F. Abad e A. García Berrio (coords.): *Introducción a la lingüística*. Madrid: Alhambra, 115-153.

Bosque, I. (1989): *Las categorías gramaticales. Relaciones y diferencias*. Madrid: Síntesis.

Bouhier, A. (2001): *Galicia. Ensaio xeográfico de análise e interpretación dun vello complexo agrario*. 2 tomos. Xunta de Galicia.

Bybee, J. (2004): "Los mecanismos de cambio como universales lingüísticos", en R. Mairal e J. Gil (eds.): *En torno a los universales lingüísticos*. Madrid: Akal, 245–263.

Câmara Jr., J. Mattoso (1980): *Princípios de Linguística Geral*. Rio de Janeiro: Padrão Livraria Editora, 6ª ed.

Caro Baroja, J. (1981): *Los pueblos de España II*. Madrid: Istmo.

Cid López, R. M. (1994): "La influencia galaica en el Occidente asturiano: sus orígenes históricos", en *Britonia. Revista de Estudios da Terra Navia-Eo* 1, 97–118.

Comrie, B. (1989): *Universales del lenguaje y tipología lingüística*. Madrid: Gredos.

Costa Rico, A. (2004): *Historia da educación e da cultura en Galicia*. Vigo: Xerais.

Costa, J. Almeida e A. Sampaio e Melo (1983): *Diciónario da língua portuguesa*. 5ª ed. Lisboa: Porto Editora.

Dasairas Valsa, X. (1999): *Crónicas rexiomontanas*. Vigo: Mancomunidade de Concellos da Comarca de Monterrei.

Dias, A. e M. Tender (2005): *Dicionário de trasmontanismos*. Chaves: Associação Rotary Club.

Dik, S. C. (1981): *Gramática funcional*. Madrid: Sociedad General Española de Librería.

DPLP = (2008–2023): *Dicionário Priberam da Língua Portuguesa*. https://dicionario.priberam.org/chave. [04-12-2023].

Dubert, F. (2004): "Sobre a vogal temática dos verbos galegos", en *Revista de filoloxía galega* 5, 53–78.

Duranti, A. (2000): *Antropología lingüística*. Madrid: Cambridge University Press.

Eco, U. (1977): *Tratado de semiótica general*. Barcelona: Lumen.

Eco, U. (1984): *Semiótica y filosofía del lenguaje*. Barcelona: Lumen.

Eco, U. (1992): *Los límites de la interpretación*. Barcelona: Lumen.

Eco, U. (1999): *Kant y el ornitorrinco*. Barcelona: Lumen.

Esbozo = Real Academia Española (1983): *Esbozo de una nueva gramática de la lengua española*. Madrid: Espasa / Calpe, 9ª reimpresión.

Fariña Jamardo, X. (1993): *Os Concellos Galegos (Parte Especial). Tomo III (Carral-Culleredo)*. A Coruña: Fundación Pedro Barrié de la Maza.

Fernández Rei, F. (1990): *Dialectoloxía da lingua galega*. Vigo: Xerais.

Garatea, C. (2006): "Menéndez Pidal, Ramón. Historia de la lengua española. Ed. de Diego Catalán. 2 vols. Madrid: Fundación Ramón Menéndez Pidal, 2005", en *Revista de Historia de La Lengua Española* 1, 156–167.

García González, C. (1985): *Glosario de voces galegas de hoxe.* Santiago de Compostela: Universidade de Santiago de Compostela. [Anexo 27 de *Verba*].

García Mañá, L. M. (1988): *La frontera hispano-lusa en la provincia de Ourense.* [Anexo 11 de *Boletín Auriense*].

García-Miguel, J. Mª. (1995): *Las relaciones gramaticales entre predicado y participantes.* Santiago de Compostela: USC.

Gonçalves, G. (s. d.): *O falar do Minho.* Porto: Gabriel Gonçalves.

González, M. (2007): "El *Atlas lingüístico galego*, un hito en la historia de la dialectología gallega", en J. Dorta (ed.): *Temas de dialectología.* La Laguna / Tenerife: Instituto de Estudios Canarios, 97–121.

González Echevarría, A. (2009): *La dicotomía emic / etic. Historia de una confusión.* Barcelona: Anthropos Editorial.

Hagège, C. (1987): *La estructura de las lenguas.* Madrid: Gredos.

Hernández Alonso, C. (2000): "Morfología del verbo. La auxiliaridad", en M. Alvar (dir.): *Introducción a la Lingüística española.* Barcelona: Ariel, 195–211.

Hilferty, J. (1993): "Semántica lingüística y cognición", en *Verba* 20, 29–44.

Kosko, B. (1995): *Pensamiento borroso.* Barcelona: Crítica.

Lévi-Strauss, C. (1977): *Antropología estructural.* Buenos Aires: Eudeba.

López García, A. (1998): *Gramática del español. III. Las partes de la oración.* Madrid: Arco / Libros.

Lloyd, P. M. (1993): *Del latín al español.* Madrid: Gredos.

Madoz, P. (1986): *Diccionario Geográfico-Estadístico-Histórico de España y sus posesiones de Ultramar. Galicia.* 6 tomos. Madrid.

Maia, M. C. de Azevedo (1997): *História do galego-português; estado lingüístico da Galiza e do noroeste de Portugal desde o século XIII ao XVI (com referência ao galego moderno).* Coimbra: INIC, 2ª ed.

Matthews, P. H. (1972): *Inflectional morphology. A theoretical study based on aspects of Latin verb conjugation.* Cambridge: Cambridge University Press.

Matthews, P. H. (1975): "Evolución de la morfología en los últimos años", en J. Lyons (introdución e selección): *Nuevos horizontes de la lingüística.* Madrid: Alianza Editorial.

Matthews, P. H. (1980): *Morfología. Introducción a la teoría de la estructura de la palabra.* Madrid: Paraninfo.

Mattos e Silva, R. V. (1994): *O português arcaico: morfologia e sintaxe*. São Paulo: Contexto.

Mel'čuk, I. A. (1982): *Towards a language of linguistics. A system of formal notions for theoretical morphology*. Munich: Wilhelm Fink Verlag.

Menéndez Pidal, R. (2005): *Historia de la Lengua española. I y II*. Edición de Diego Catalán. Madrid: Fundación Ramón Menéndez Pidal / Real Academia Española.

Monteil, P. (1992): *Elementos de fonética y morfología del latín*. Sevilla: Universidad de Sevilla.

Moreno Cabrera, J. C. (1998): "Agente y paciente por activa y por pasiva" en J. de D. Luque Durán e A. Pamies Bertrán (eds.): *Estudios de tipología lingüística*. Granada: Método.

Moreno Cabrera, J. C. (2008): *El Nacionalismo Lingüístico. Una ideología destructiva*. Barcelona: Península.

Moure, T. (1996): *La alternativa no-discreta en lingüística*. Santiago de Compostela: Universidade de Santiago de Compostela.

Nida, E. A. (1970): *Morphology*. Ann Arbor: University of Michigan, 11ª ed.

Normas 1995 = RAG / ILG (1995): *Normas ortográficas e morfolóxicas do idioma galego*. A Coruña: RAG / ILG, 13ª edición revisada.

Nunes, J. J. (1975): *Compêndio de gramática histórica portuguesa*. Lisboa: Livraria cllássica, 8ª ed.

Palmer, L. R. (1984): *Introducción al latín*. Barcelona: Ariel.

Pallares Méndez, Mª. C. e E. Portela Silva (2007): *Da Galicia feudal (séculos VIII-XI). Mulleres, homes e paisaxes*, en X. M. Barreiro Fernández e R. Villares (dirs.): *A Gran Historia de Galicia*. Tomo IV, volume I. A Coruña: La Voz de Galicia.

Pazo Labrador, A. e X. M. Santos Solla (1995): *Poboación e territorio. As parroquias galegas nos últimos cen anos*. Santiago de Compostela: Difux / Xunta de Galicia.

Pena, J. (1990): "Sobre los modelos de descripción en morfología", en *Verba* 17, 5–75.

Pena, J. (1991): "La palabra: estructura y procesos morfológicos", en *Verba* 18, 69–128.

Pena, J. (1999):"Partes de la morfología. Las unidades del análisis morfológico", en I. Bosque e V. Demonte (dirs.): *Gramática descriptiva de la lengua española*. 3 vols. Madrid: Espasa / Calpe, 4305–4366.

Pereira, A. Gomes (1912): "Vocabulários de vários concelhos do districto de Vila Real", en *Revista Lusitana* XV, 333–350.

Piaget, J. (1967): *Le structuralisme*. Paris: P.U.F.

Porto Dapena, J. A. (1972): "Encol da estructura do verbo en galego", en *Grial* 35, 13-28.

Portolés, J. (2018): "El idealismo lingüístico en Del lenguaje en general (1939) de Ramón Menéndez Pidal", en *Boletín de la Real Academia Española* 98 (318), 599-631.

Quiroga, J. L. e M. R. Lovelle (1999): "Ciudades atlánticas en transición: La «ciudad» tardo-antigua y alto-medieval en el noroeste da la península ibérica (s. V-XI)", en *Archeologia medievale* XXVI, 257-268.

Regueira, X. L. (2008): "Os estudos de dialectoloxía galega", en E. Corral, L. Fontoira e E. Moscoso (eds.): «*A mi dizen quantos amigos ey*»: *Homenaxe ao profesor Xosé Luís Couceiro*. Santiago de Compostela: Univesidade de Santiago de Compostela, 573-584.

Roca Pons, J. (1966): "Estudio morfológico del verbo español", en *Revista de Filología Española* XLIX, 73-89.

Rojo, G. (1974): "La temporalidad verbal en español", en *Verba* 1, 68-149.

Rojo, G. (1976): "La correlación temporal", en *Verba* 3, 65-89.

Rojo, G. (1988): "Temporalidad y aspecto en el verbo español", en *Lingüística Española Actual* 10, 195-216.

Rojo, G. (1990): "Relaciones entre temporalidad y aspecto en el verbo español", en I. Bosque (ed.): *Tiempo y aspecto en español*. Madrid: Cátedra.

Rojo, G. e T. Jiménez (1989): *Fundamentos del análisis sintáctico funcional*. Santiago de Compostela: Universidade de Santiago de Compostela.

Romero Masiá, A. M. e X. M. Pose Mesura (1988): *Galicia nos textos clásicos*. A Coruña: Museo Aequeolóxico.

Said Ali, M. de (1971): *Gramática Histórica da Língua Portuguêsa*. Rio de Janeiro: Livraria Acadêmica, 10ª ed.

Santamarina, A. (1974): *El verbo gallego*. Santiago de Compostela: Universidade de Santiago de Compostela. [Anexo 4 de *Verba*].

Santamarina, A. (1982): A dialectoloxía galega: historia e resultados, en D. Kremer e R. Lorenzo (eds.): *Tradición, actualidade e futuro do galego. Actas do Coloquio de Tréveris*. Santiago de Compostela: Xunta de Galicia / Consellería de Cultura, 153-187.

Santos, Mª. José de Moura (1967): *Os falares fronteiriços de Trás-os-Montes*. Separata da *Revista Portuguesa de Filologia*, vols. XII, tomo II; XIII e XIV. Coimbra.

Simone, R. (1993): *Fundamentos de lingüística*. Barcelona: Ariel.

Scalise, S. (1994): *Morfologia*. Bolonia: Il Mulino.

Sousa, X. (2006): "Análise dialectométrica das variedades xeolingüísticas galegas", en M. C. Rolão Bernardo e H. Mateus Montenegro (orgs.): *I Encontro de Estudos Dialectológicos: Actas*. Ponta Delgada: Instituto Cultural de Ponta Delgada, 345-362.

Spencer, A. (2004): "¿Universales morfológicos?", en R. Mairal e J. Gil (eds.): *En torno a los universales lingüísticos*. Madrid: Akal, 133-169.

Taboada, M. (1978): "Algunos aspectos de la vida material y espiritual de A Mezquita", en *Boletín Auriense* VIII, 107-166.

Taboada, M. (1979a): "Afinidades lingüísticas galego-portuguesas na fronteira de Ourense (1): notas fonético-morfolóxicas sobre as nasais", en *Senara* vol. I, 107-125.

Taboada, M. (1979b): *El habla del Valle de Verín*. [Anexo 15 de Verba].

Taboada, M. (1988): *Léxico de la comarca de Verín*. Ourense: Museo Arqueolóxico Provincial. [Anexo 14 de Boletín Auriense].

Tekaučić, P. (1980): *Grammatica storica dell'italiano. II. Morfosintassi*. Bolonia: Il Mulino.

Torres Luna, Mª. P. de e A. Pazo Labrador (1994): *Parroquias y arciprestazgos de Galicia*. Santiago de Compostela: Universidade, Servicio de Publicacións e Intercambio Científico.

Varela Ortega, S. (1990): *Fundamentos de morfología*. Madrid: Síntesis.

Veiga, A. (1992): "La no independencia funcional del aspecto en el sistema verbal", en *Español Actual* 57, 65-79.

Williams, E. B. (1975): *Do latim ao português*. Rio de Janeiro: Tempo brasileiro, 3ª. ed.

www.ingramcontent.com/pod-product-compliance
Ingram Content Group UK Ltd.
Pitfield, Milton Keynes, MK11 3LW, UK
UKHW041902230426
12049UKWH00002B/10